DIE BERNER RÄTSEL
AENIGMATA BERNENSIA

Lateinisch-deutsch

Herausgegeben, übersetzt und kommentiert
von Dieter Bitterli

DE GRUYTER

ISBN 978-3-11-133307-6
e-ISBN (PDF) 978-3-11-133731-9

Library of Congress Control Number: 2023946256

Bibliografische Information der Deutschen Nationalbibliothek
Die Deutsche Nationalbibliothek verzeichnet diese Publikation in der Deutschen Nationalbibliografie; detaillierte bibliografische Daten sind im Internet über http://dnb.dnb.de abrufbar.

Für Einbandgestaltung verwendete Abbildungen:
Cologny (Genève), Fondation Martin Bodmer, Cod. Bodmer 52: 6v/7r
(www.e-codices.unifr.ch)

Satz im Verlag
Druck und Bindung: Beltz Bad Langensalza GmbH

♾ Gedruckt auf säurefreiem Papier
Printed in Germany

www.degruyter.com

INHALT

EINFÜHRUNG

> Das Rätsel gibt es nicht. Wenn sich eine Frage überhaupt stellen läßt, so kann sie auch beantwortet werden.
> (Ludwig Wittgenstein, *Tractatus logico-philosophicus*, 6.5)

Rätsel, Scherzfragen und Logogriphe gehören zu den ältesten literarischen Formen und finden sich in allen Kulturen und Sprachen. Der Ursprung der Gattung verliert sich in mythischer Vorzeit als mündliches Fragespiel, als Denkaufgabe im Wettstreit oder als dunkles Orakel wie beim berühmten Rätsel der Sphinx aus der Ödipus-Sage. Einzelne Rätsel aus der griechischen Antike überliefern die *Anthologia Palatina* und das *Gelehrtengastmahl* (*Deipnosophistai*) des Athenaios (2./3. Jh.), doch erst vom spätrömischen Dichter Symphosius, der vermutlich im 4. oder 5. Jahrhundert lebte, besitzen wir eine geschlossene Sammlung von hundert lateinischen Versrätseln. Symphosius dichtete seine *Aenigmata* zur Unterhaltung beim römischen Saturnalienfest und in eleganten hexametrischen Tristichen, die für die weitere abendländische Entwicklung der Gattung bis in die Neuzeit stilbildend blieben. Dies betrifft zum einen die Themen, die ganz aus der unmittelbaren Welt des Alltags und der sichtbaren Natur stammen, und zum anderen die typischen Stilmittel der sprachlichen Verschlüsselung, die Symphosius musterhaft verwendet.

Symphosius' Rätsel sind in über dreißig mittelalterlichen Handschriften überliefert, einschließlich des Codex Salmasianus (Paris, BNF, lat. 10318, 8. Jh.), aus dem sie Alexander Riese in seine *Anthologia Latina* übernahm.[1] Zehn Stücke aus der Sammlung fanden Eingang in den einst weitverbreiteten spätantiken Apollonius-Roman

1 Riese 1869: 187–207. Symphosius' *Aenigmata* wurden vielfach herausgegeben, zuletzt Bergamin 2005 und Leary 2014.

(*Hist. Apoll.* 42), später auch in die *Gesta Romanorum* und von da in die europäischen Volksliteraturen. Im frühen England zitierte der angelsächsische Gelehrte und spätere Abt von Malmesbury, Aldhelm († 709/710), die Rätsel des Symphosius als metrische Muster in seiner lateinischen Verslehre und orientierte sich für seine eigene einflussreiche Sammlung von hundert hexametrischen *Aenigmata* eng an seinem Vorbild.[2] Ihm folgten die Angelsachsen Tatwin († 734), Eusebius (womöglich Hwætberht, Abt von Monkwearmouth-Jarrow, † 716), Winfried Bonifatius († 754) und Alkuin von York († 804), die die Gattung weiterentwickelten und ihrerseits auf die altenglischen Rätselgedichte des Exeterbuchs (10. Jh.) wirkten.[3]

Mit ihren sechszeiligen rhythmischen Hexametern und ihrer an Symphosius angelehnten Themenwelt stehen die anonymen lateinischen Berner Rätsel in dieser Tradition spätantik-frühmittelalterlicher Aenigmatografie, die vor allem im Rhetorikunterricht der Kathedral- oder Klosterschulen Verwendung fand. Dies bezeugt die handschriftliche Überlieferung, die in der ersten Hälfte des 8. Jahrhunderts mit dem namensgebenden Codex Bernensis (Bern, Burgerbibliothek, Cod. 611) einsetzt und in der unsere Rätsel oft zusammen mit denjenigen Symphosius' und Aldhelms vorkommen.

Die Handschriften

Die Berner Rätsel sind in mindestens dreizehn mittelalterlichen Pergamenthandschriften und einer Abschrift aus dem 16. Jahrhundert überliefert.[4] Die wichtigsten davon, darunter der Berner Codex als

2 Aldhelms Rätsel begleiten seine Traktate *De metris* und *De pedum regulis* (ed. Ehwald 1919: 59–204), zirkulierten im Mittelalter aber auch separat.

3 Die frühen englischen Rätsel sind gesammelt und übersetzt bei Orchard 2021 und untersucht von Bitterli 2009.

4 Strecker 1914: 733–737; Glorie 1968: 544–545; Finch 1973; alle unvollständig.

ältester Textzeuge, datieren aus dem 8. und 9. Jahrhundert, wobei die Anzahl der enthaltenen Rätsel und deren Reihenfolge jeweils unterschiedlich ist. Im Einzelnen sind dies:

1. Bern, Burgerbibliothek, Cod. 611

Merowingische Sammelhandschrift von Gebrauchstexten in sechs ursprünglich selbstständigen Teilen aus der ersten Hälfte des 8. Jahrhunderts, entstanden vermutlich in Bourges (Cher) oder im (süd)östlichen Frankenreich.[5] Der umfangreiche Faszikel III (fol. 42–93) beinhaltet nebst dem lückenhaften Text der Rätsel (fol. 73r–80v) Auszüge aus der Grammatik des Asper Minor und den *Etymologien* Isidors von Sevilla, patristische und komputistische Texte und Tabellen sowie Biblisches und Medizinisches, teils in Tironischen Noten (davon 8 Blätter heute Paris, Bibliothèque nationale de France, lat. 10756, fol. 62–69); nach fol. 72 ist eine ganze Lage verloren. Enthalten sind 35 von ursprünglich vielleicht 40 Rätseln: Nr. 2 (unvollständig), 3, 5, 6, 8, 9, 11–15, 17–27, 29, 30, 32, 34–36, 56 (unvollständig) und 57–62. Ein verlorenes Blatt vor fol. 73 enthielt das erste Rätsel (*De olla*) und den Anfang von Nr. 2, wie aus dem Inhaltsverzeichnis auf fol. 93r hervorgeht. Wenigstens ein weiteres Blatt fehlt vor fol. 79 und muss den Anfang von Nr. 56 sowie den Text von vier weiteren Rätseln enthalten haben. Der einspaltige, in einer flüchtigen vorkarolingischen Minuskel geschriebene Text und die in Unzialis abgesetzten Titel enthalten zahlreiche typisch merowingische Formen wie *i* für *e* und *u* für *o* in *constringire* (Nr. 3, 3), *suspis* (Nr. 6, 5, statt *sospes*), *De scupa* (Nr. 18) oder *De stillis* (Nr. 62).

5 CLA V.604 und VII.604, 604a–d (Ostfrankreich); Bischoff 1984: 150 (»westlicher Herkunft«) und ders. 1998–2017: I, 131, Nr. 609a (»wohl Ostfrankreich«); Licht 2018: 267–269 (Südostfrankreich); Ganz 2019 (Bourges, u. a. aufgrund der Erwähnung der Stadt in den *Formulae* fol. 62r–64r). Digitalisat auf e-codices.unifr.ch, mit ausführlicher Beschreibung und Bibliografie, und gallica.bnf.fr.

2. Berlin, Staatsbibliothek, Ms. Phillipps 1825
Frühkarolingische Gedichtsammlung (46 Blätter), geschrieben um 800 in Verona.[6] Die Berner Rätsel folgen fol. 37v–44v unter dem Titel ENIGMATA IN D(E)I NOMINE TULLII auf Commodians *Instructiones*, Prudentius' *Dittochaeon* und Aldhelms *Carmina Ecclesiastica* (letztere offenbar nach einem insularen Exemplar).[7] Enthalten sind 62 Rätsel, einschließlich des sonst nirgends vorhandenen zweiten Pergament-Rätsels Nr. 50A, jedoch ohne Nr. 21 und Nr. 63. Geschrieben in regelmäßiger karolingischer Minuskel; die Vershälften (6 + 8 Silben) sind durch *!* getrennt und mehrheitlich mit Überschriften in roten Unzialen versehen (fol. 37v–43r, danach sind die Zeilen dazu leer gelassen). Auf fol. 44v–45r von gleicher Hand ein dreizeiliges Rätsel *De penna* und drei Tristichen aus der Sammlung des Symphosius (*Aenig.* 59: *Pila*, Verse 1–2; *Aenig.* 63: *Spongia*; *Aenig.* 69: *Speculum*).

3. Città del Vaticano, Biblioteca Apostolica Vaticana, Reg. lat. 1553
Erster von drei Teilen (fol. 1r–21v): Karolingische Rätselanthologie aus Nordostfrankreich (Lothringen oder Oberelsass), erstes Viertel des 9. Jahrhunderts.[8] Regelmäßige karolingische Minuskel mit mehrheitlich roten Initialen und Titeln in Unzialis. Auf Bonifatius' Versrätsel über Tugenden und Laster (fol. 1r–8v), folgen fol. 8v–21v – unter dem Titel INCIPIT PROLOG(US) SYMPHOSII SUPER ENIGMATA QUAESTIONUM ARTIS RETOR(I)C(AE), eingeleitet durch Symphosius' *Praefatio*, vermengt, jedoch nummeriert und nach Themen gruppiert – 52 Stücke aus der Berner Sammlung,

6 CLA VIII.1065; Bischoff 1965: 249 (Anm. 128); ders. 1998–2017: I, 91 (Nr. 433). Der Inhalt bei Rose 1893: 374–380. Digitalisat auf resolver.staatsbibliothek-berlin.de.

7 Ehwald 1919: 9.

8 Pellegrin 1978: 263–265; Bischoff 1998–2017: III, 440 (Nr. 6783); Finch 1961. Digitalisat auf digi.vatlib.it.

45 Dreizeiler des Symphosius sowie fünf kurze Rätsel aus Aldhelms *Aenigmata*. Es lassen sich sieben Themenbereiche unterscheiden: Bern 60 (*De caelo*) leitet fol. 9r eine Gruppe kosmologischer und meteorologischer Rätsel ein; mit Symphosius *Aenig.* 12 (*Aqua [et] piscis*) folgen fol. 10r Rätsel zum Thema Wasser(tiere); fol. 12v solche über Pflanzen und Landwirtschaftliches; fol. 14v Bäume; fol. 16r Blumen und Gewürze; fol. 18r Dinge des Haus- und Schriftwesens; fol. 20v schließlich Vögel und Landtiere. Rätsel zum selben Gegenstand stehen jeweils unter der gleichen Nummer beieinander, etwa fol. 9v–10r: Bern 38 und Symphosius 10 (Eis); fol. 13v–14r: Bern 50 und 63 (Wein); fol. 17v–18r: Bern 37 und Aldhelm 40 (Pfeffer) usw. Aufgenommen sind vollständig Bern Nr. 1–9, 11–21, 23–39, 41, 43, 45, 47, 49–51 (ohne 50A), 55–57 und 59–63, von Nr. 22 steht am Ende von fol. 21v einzig der Titel (*Ovis*) mit der Zahl LXXXVIIII; weitere Blätter (wohl mit den Einträgen CX–C) fehlen.

4. Leipzig, Universitätsbibliothek, Rep. I 74
Karolingische Rätsel- und Gedichtsammlung (63 Blätter); Westfrankreich, ca. Mitte des 9. Jahrhunderts.[9] Enthält fol. 1r–13r die *Aenigmata* Aldhelms und fol. 15v–24r unter dem rubrizierten Titel QUESTIONES ENIGMATU(M) RETHORICAE ARTIS sämtliche Berner Rätsel außer Nr. 50A, geschrieben in karolingischer Minuskel mit roten Initialen. Die Titel stehen in kleinerer Schrift in den Marginalien, bei Nr. 15 (fol. 17r) in Tironischen Noten, zwischen fol. 22r–22v fehlen sie ganz; neben dem titellosen Rätsel 48 (fol. 21v) steht das Tironische Zeichen für *require!* Das Rätsel 62 endet am Seitenende von fol. 23v; auf der nächsten Seite folgen ein Prosarätsel vom Schaf (*Item de ove*) und das nur hier und im Vaticanus (s. o.) überlieferte zweite Wein-Rätsel Nr. 63 (*Item de vino*). Ab

9 Bischoff 1998–2017: II, 69 (Nr. 2272); zum Inhalt: Naumann 1838: 16–17; Haupt 1850. Einsehbar auf digital.ub.uni-leipzig.de. Für die Transkription der Tironischen Noten dankt der Herausgeber Martin Hellmann, Wertheim am Main.

fol. 24r finden sich weitere Gedichte u. a. von Eugenius von Toledo, Prosper von Aquitanien, Paulus Diaconus und Alkuin, Auszüge aus Martial und Ovid sowie Prudentius' *Psychomachie*.

Einzelne Berner Rätsel finden sich in zwei karolingischen Handschriften der Bibliothèque nationale:

- Paris, Bibliothèque nationale de France, latin 5596, Nordostfrankreich (wahrscheinlich Reims), frühes 9. Jahrhundert.[10] Enthält fol. 165r–169r die Berner Rätsel Nr. 25 (ohne Titel), 50, 13, 6, 1, 5 und 35 (fol. 165v–166v) zusammen mit 19 Stücken aus der Sammlung des Symphosius und zwei Tetrasticha Aldhelms. Den Gedichten voraus gehen zwei längere Reihen von Rätselfragen in der Tradition der *Ioca Monachorum* (fol. 155r–162v), eine Version des Rätseldialogs zwischen *Adrian und Epictitus* (fol. 162v–164r) sowie acht Prosarätsel (fol. 164r–165r), darunter das bekannte Rätsel vom Flachs.[11]
- Paris, Bibliothèque nationale de France, latin 8071, Frankreich (Auxerre oder Umgebung), 9. Jahrhundert.[12] Karolingische Anthologie römischer und spätantiker christlicher Dichtung, einschließlich fol. 57r–57v der Berner Rätsel Nr. 3 und 6.

Spätere Handschriften überliefern die Sammlung typischerweise zusammen mit den *Etymologien* Isidors von Sevilla. Auf die Rätsel 1–62 (ohne 50A) folgen in der Regel das auch in der Leipziger Handschrift enthaltene Prosarätsel *De ove* sowie ein weiteres titelloses Prosarätsel (*Est res aliqua* ...).[13] Die Überschrift lautet jeweils

10 Bischoff 1998–2017: III, 112 (Nr. 4382); Bourgain 2000: 267, 271; Wright/Wright 2004: 108–109. Digitalisat auf gallica.bnf.fr.

11 Bischoff 1984: 101–102.

12 Bischoff 1998–2017: III, 138 (Nr. 4524). Digitalisat auf gallica.bnf.fr.

13 Beide Prosarätsel sind ediert bei Mone 1839: 228–229 (aus Wien, Österreichische Nationalbibliothek, Cod. 67) und Finch 1973: 6–7 (aus Chicago, Newberry Library, MS f 11) und übersetzt bei Farina 2021: 283–284.

Questiones enigmatu(m) rethorice artis (oder *artis rethorice*) mit dem Zusatz: *claro ordine dictante* bzw. *dictate*. So in den untereinander verwandten österreichischen Codices

- Klosterneuburg, Augustiner-Chorherrenstift, Cod. 723, erste Hälfte 12. Jahrhundert, fol. 1r–5v.[14]
- Chicago, Newberry Library, MS f 11 (vormals Admont, Benediktinerstift, Cod. 277), erste Hälfte 12. Jahrhundert, fol. 1r–7r.[15]
- Wien, Österreichische Nationalbibliothek, Cod. 67, zweite Hälfte 12. Jahrhundert (vormals Göttweig), fol. 168rb–170rb.
- Zwettl, Zisterzienserstift, Cod. 53, letztes Viertel 12. Jahrhundert, fol. 153ra–155rb.[16]
- Göttweig, Benediktinerstift, Cod. 64, erste Hälfte 13. Jahrhundert, fol. 1ra–3va.[17]
- Vorau, Augustiner Chorherrenstift, Cod. 85, Ende 13. Jahrhundert, fol. 266v–269v.[18]
- Wien, Österreichische Nationalbibliothek, Cod. 2285, zweite Hälfte 14. Jahrhundert, fol. 206r–212r (Rätsel 1–62, ohne 50A und die beiden Prosarätsel).[19]

Die im 16. Jahrhundert entstandene Abschrift der Berner Rätsel in Città del Vaticano, Biblioteca Apostolica Vaticana, Barb. Lat. 1717, fol. 1r–12r, ist mit dem Text des Berliner Phillippicus 1825 praktisch identisch, doch stammt wohl nicht von diesem

14 Czifra 2021: 50.

15 Saenger 1989: 21–22; Finch 1973.

16 Ziegler 1992: 106–108.

17 Czifra 2021: 50.

18 Fank 1936: 41; Mairold 1988: 130 (Nr. 220). Von Salvador-Bello (2015: 251) irrtümlich als Grazer Handschrift aufgeführt.

19 Fingernagel et al. 2002: 259–260.

ab.[20] Nicht erhalten geblieben ist die Handschrift, die der karolingische Bibliothekskatalog des Inselklosters Reichenau von 821/822 erwähnt. Unter dem Titel *aenigmata Tullii* (wie im Berliner Codex) folgten die Berner Rätsel dort auf die *Disticha Catonis* und waren zusammengebunden u. a. mit naturkundlichen und komputistischen Schriften (Isidor, Beda).[21]

Ausgaben und Übersetzungen

Zum ersten Mal herausgegeben wurden die Berner Rätsel 1839 von Franz Joseph Mone aus der älteren der beiden Wiener Handschriften (Cod. 67).[22] 30 Jahre später druckte Alexander Riese erstmals den unvollständigen Text des Berner Codex 611 im ersten Teil seiner *Anthologia Latina* (1869) und fügte in deren zweitem Teil (1870) die Lesarten der Handschriften Wien Cod. 67 (nach Mone) und Paris Latin 5596 hinzu; der Text der zweiten Auflage der Anthologie von 1894 schließlich kollationierte zusätzlich die Codices Leipzig Rep. I 74 und Paris Latin 8071 und bot, wiederum im zweiten Teil (1906), die Varianten des Berliner Phillippicus.[23]

Schon vorher hatten Paul Brandt (1883) und Wilhelm Meyer (1886, erweitert 1905) die Berner Rätsel noch in Unkenntnis der Berliner Handschrift ediert, bevor Paul Strecker diese seiner Ausgabe innerhalb der *Monumenta Germaniae Historica* (1914) zugrunde legte.[24] Unter dem Titel »Aenigmata hexasticha« (sechszeilige Rätsel) bot Strecker den bis heute besten Text der nun 64 Gedichte

20 Finch 1973.

21 Lehmann 1918: 249; Hennings 2021: 168–169.

22 Mone 1839.

23 Riese 1869–1870: I.1: 296–304, I.2: lxvi–lxxvi; ders. 1894–1906: I.1: 351–370, I.2: 376–382. Lesarten aus der bis dahin unbekannten Berliner Handschrift diskutierte bereits 1899 Paul von Winterfeld (1899: 289–295).

24 Brandt 1883; Meyer 1886: 412–430 und 1905: I, 155–179; Strecker 1914: 732–759.

umfassenden Sammlung, einschließlich des nur im Berliner Codex überlieferten Rätsels 50A. Gemäß den Editionsprinzipien der *Monumenta* notierte Strecker nebst den Lesarten der ihm bekannten Handschriften zahlreiche wörtliche Parallelen innerhalb der Sammlung sowie Similien speziell zu den Rätseln des Symphosius und denjenigen Aldhelms und Tatwins, blieb aber, was mögliche Abhängigkeiten betrifft, genauso zurückhaltend wie bei der Beurteilung der titellos überlieferten Stücke, die er ohne eine Überschrift druckte.

Anders François Glorie in seiner zweibändigen Ausgabe spätantiker und frühmittelalterlichen Rätselsammlungen von 1968 (Corpus Christianorum Series Latina 133–133A).[25] Glorie konnte zwar zusätzlich auf die wichtige, von Finch kollationierte vatikanische Handschrift Reg. lat. 1553 zurückgreifen, sein Text aber enthält eine Reihe zweifelhafter Konjekturen und Lösungsvorschläge, die in der Forschung mancherorts kritiklos übernommen wurden. Falsch und unbegründet sind seine Änderungen der handschriftlich bezeugten Überschriften bei Nr. 23: »De ignis scintilla« (Feuerfunke) statt *De igne* (Feuer), Nr. 46: »De pistillo« (Mörser) statt *De malleo* (Hammer), Nr. 47: »De cochlea« (Muschel) statt *De castanea* (Kastanie) und Nr. 56: »De sole« (Sonne) statt *De verbo* (Wort). Hinzu kommen die fragwürdigen Lösungen »De castanea« (Kastanie, Nr. 48), »De charta« (Papier, Nr. 50A), »De trutina« (Waage, Nr. 53) und »De insubulo« (Kettbaum eines Webstuhls, Nr. 54) für die vier titellosen Rätsel. Obwohl Glories Text in mancher Hinsicht einen Rückschritt gegenüber demjenigen Streckers darstellte, ermöglichte es die Ausgabe, die Berner Sammlung fortan im weiteren Kontext der lateinischen Rätseltradition zu sehen.

25 Glorie 1968; die Berner Rätsel sind im Band 133A: 541–610. Die Ausgabe umfasst außerdem die angelsächsischen Sammlungen (Aldhelm, Tatwin, Eusebius, Bonifatius), die karolingischen Lorscher Rätsel, die *Versus cuiusdam Scoti de alphabeto* und die Rätsel des Symphosius.

Glories Text beigegeben ist eine leider oft fehlerhafte deutsche Nachdichtung von Karl Minst, der erste Versuch einer vollständigen Übertragung der Berner Rätsel, nachdem bereits 1869 Hermann Hagen eine Handvoll Proben aus dem Codex Bernensis ins Deutsche übersetzt hatte.[26] Abgesehen von vereinzelten Aufnahmen in Anthologien und Hinweisen in der Forschungsliteratur erschienen lange keine modernen Übersetzungen der Berner Rätsel mehr. Eine Ausnahme bildet die spanische Gesamtübertragung von Rieses *Anthologia Latina* durch Francisco Socas (2011), der sich allerdings eng an den Text und die Lösungen bei Glorie hält.[27]

Erst jüngst ist die Berner Sammlung als wichtiges Bindeglied zwischen Antike und Mittelalter wieder ins Blickfeld gerückt. So bietet Giulia Farina (2020) nebst dem lateinischen Text der »Aenigmata Tullii« eine italienische Übersetzung sowie einen Kommentar zu allen 64 Gedichten. Im Vordergrund stehen dabei die inhaltlichen und formalen Bezüge sowohl zu Symphosius als auch zu den anglolateinischen Rätseldichtern, aber auch die Frage der Lösungen, die die Autorin teilweise neu beurteilt, etwa beim Kastanien-Rätsel (Nr. 47) oder den Nummern 48, 50A, 53 und 54, für die sie freilich keine Titel festlegt.[28]

Die erste vollständige Übertragung der Sammlung ins Englische samt Erklärungen veröffentlichte Neville Mogford 2020–2021 als Webedition innerhalb des an der Universität Birmingham beheimateten Forschungsprojekts »Group Identity and the Early Medieval Riddle Tradition«, das zum Ziel hat, sämtliche frühmittelalterlichen Rätselsammlungen in modernen Übersetzungen elektronisch zugänglich zu machen.[29] Die als Blog verfassten Erklärungen, die

26 Hagen 1869 (2. Aufl. 1877): 25–27.

27 Socas 2011: 387–406. Vier Berner Rätsel in englischer und sechs in italienscher Übersetzung sind aufgenommen bei Bryant 1990: 97 bzw. Stella 1995: 202–207.

28 Farina 2020: 260–266 u. 270–282.

29 https://theriddleages.com; vgl. auch Mogford 2020.

keinen wissenschaftlichen Anspruch erheben, enthalten zahlreiche wertvolle Hinweise speziell zur Sach- und Ideengeschichte der einzelnen Rätselgegenstände, verbinden die Dinge jedoch zu sehr mit der frühmittelalterlichen monastischen Kultur Englands, das als Ursprungort der Sammlung auszuschließen ist. Ein ähnlicher Hang, in den Berner Rätseln geistliche Lesarten im Sinn der vormodernen Natur- und Dingallegorese festmachen zu wollen, findet sich in den knappen Kommentaren von Andy Orchard (2021) innerhalb seiner zweisprachigen Gesamtausgabe der altenglischen und anglo-lateinischen Rätsel einschließlich verwandter Texte.[30] Orchard versteht die Berner Rätsel richtig als Teil einer größeren, den insularen und kontinentalen Raum verbindenden Tradition, die er mit vielen Querverweisen auf thematische und formale Parallelen innerhalb des von ihm bearbeiteten Korpus nachzeichnet. Damit geht die Ausgabe zwar über diejenige Glories hinaus, hält aber, was die Textgestalt und die Rätsellösungen betrifft, gleichzeitig zu sehr an dieser fest, ohne dass im Einzelnen genau ersichtlich wird, was handschriftlich überliefert und was vom Herausgeber hinzugesetzt ist.

Zeit und Herkunft

Was die Frage des Alters und der möglichen Autorschaft der Berner Rätsel betrifft, so ist die Fachwelt mehrheitlich den Überlegungen Wilhelm Meyers gefolgt. Während Riese mit seiner Aufnahme der »aenigmata hexasticha barbarie horrida« in die *Anthologia Latina* die Sammlung noch grob in der Spätantike verortet hatte, so datierte Meyer in seinen Studien zur mittellateinischen Rhythmik diese »in das 7. oder 8. Jahrhundert« und erwog die heutige Lombardei als deren Ursprungsort; dafür sprächen zum einen die für die Regi-

30 Orchard 2021, mit vielen unrichtigen Angaben zu den Lesarten der Handschriften.

on typischen rhythmischen Hexameter, die sich auch in langobardischen Grabinschriften der Zeit fänden, und zum anderen die in den Rätseln behandelten Themen, die, so Meyer, »auf das Land zwischen den Alpen und der Küste von Genua« passten.[31] Noch weiter ging Max Manitius und vermutete eine Verbindung zur 614 vom irischen Mönch Columban gegründeten norditalienischen Abtei Bobbio: »Der Sprachgebrauch weist am meisten auf das 7. Jahrhundert ... Vielleicht aber kann man aus dem großen Interesse, das er [d. i. der Verfasser] für die Gewächse des Südens zeigt, schließen, daß er Mönch in Bobbio war und zu den Iren gehörte«; auf Letzteres deute die schwerfällige Sprache der Berner Rätsel, die zwar den Einfluss der Tristichen Symphosius' zeigten, jedoch »viel schwerer verständlich« seien als diese.[32] Den Überlegungen Meyers – nicht aber Manitius' Hypothese einer Bobbieser Verbindung – folgte Karl Strecker in seiner kritischen Ausgabe, insbesondere wegen der formalen Verwandtschaft zu den langobardischen Epitaphien und der »südländischen« Rätselthemen; die Berner Sammlung sei von Symphosius beeinflusst, doch ob sie vor oder nach derjenigen Aldhelms entstand, lasse sich nicht beurteilen.[33] Die Mehrzahl der späteren Kommentatoren haben sich dem angeschlossen, so Dag Norberg, François Glorie, Günter Bernt, Paul Klopsch, Franz Brunhölzl, Gabriel Silagi, Zoja Pavlovskis, Peter Dronke und andere.[34] Dass der Autor, wie Manitius spekulierte,

31 Riese 1869: xlvi; ders. 1894: xlvii; ders. 1906: 376–378; Meyer 1905: II, 16, 161.

32 Manitius 1911: 193; vgl. ders. 1881: 487–488: Die »Berner Rätselsammlung ... die jedenfalls im 6.–7. Jahrhundert entstand und einen Iren zum Verfasser hat«.

33 Strecker 1914: 732–733.

34 Norberg 1954: 102 (8. Jh., Italien); ders., *Introduction*, 1958: 97 (8. Jh., vermutlich Italien); Glorie 1968: 145, 149 (ca. 650, vor Aldhelm); Bernt 1968: 150–151 (um 700, Italien?); Klopsch 1972: 24 (wohl 8. Jh, Italien); Brunhölzl 1975: 61, 202 (vielleicht 7. Jh., Oberitalien); Silagi 1980: 1981 (7. Jh.); Pavlovskis 1988: 229 (ca. 7. Jh.); Dronke 2000: 177–178 (wahrscheinlich 7. Jh., Norditalien).

möglicherweise ein Ire aus Bobbio sei, hat die Forschung hingegen mehrheitlich verworfen.[35]

Zuletzt haben Thomas Klein und Giulia Farina die Stellung der Berner Rätsel innerhalb der lateinischen Rätseltradition neu zu beurteilen versucht. Wie andere vor ihm vermutet Klein den Ursprungsort der Sammlung im Mittelmeerraum; beeinflusst von Symphosius, scheinen die Berner Rätsel ihrerseits auf diejenigen Aldhelms gewirkt zu haben, wie eine Reihe thematischer und sprachlicher Parallelen zeige. Der Angelsachse aber gehe über seine Vorgänger hinaus, indem bei ihm die Behandlung traditioneller Themen komplexer und abstrakter sei.[36] Sollte Aldhelm die Berner Sammlung oder Teile davon tatsächlich gekannt haben, so muss diese einige Zeit vor 685, dem spätesten Datum der Überarbeitung der *Aenigmata*, entstanden sein.[37] Für Farina steht weder dies noch die oberitalienische Herkunft der Berner Rätsel fest; das Versmaß der rhythmischen Hexameter begegne genauso in frühmittelalterlichen Texten außerhalb Italiens, auch sei es denkbar, dass die Berner Sammlung jünger sei als diejenige Aldhelms.[38]

Erkenntnisse aus den Handschriften

Näheres zur Entstehung und Heimat der Berner Rätsel erschließt sich zunächst aus dem Vergleich der erhaltenen Handschriften. Der älteste Textzeuge, der sechsteilige Codex Bernensis 611, enthält in Teil IV (fol. 94r–96v) einen auf 727 datierten *Computus paschalis* samt einer Ostertafel für die Jahre 727–748, was zu den übrigen Tei-

35 Außer Taylor 1948: 58–59; Bolton 1971: 161; Sorrell 1990: 104; Polara 1987: 199, ders. 1993: 207–208 u. ders. 2002: 38; Tomasek 1994: 141; Maggioni 2012: 195–196.

36 Klein 2019: 411–416.

37 Zu Aldhelms *Aenigmata*: Lapidge 2012: 19–26.

38 Farina 2020: 24, 32–35, so schon Garbini 2009: 25.

len der Handschrift passt, die alle in der ersten Hälfte des 8. Jahrhunderts im merowingischen Frankenreich geschrieben wurden. Die überwiegend patristischen Texte und Exzerpte, die in Teil III (fol. 42–93) den Rätseln vorausgehen bzw. folgen, stammen – soweit sie sich zuweisen lassen – mehrheitlich aus dem 5. bis 7. Jahrhundert. Die Rätselsammlung muss also spätestes zu Beginn des 8. Jahrhunderts in der Form vorgelegen haben, die uns die Berner Handschrift überliefert.

In der Abfolge der einzelnen Gedichte lässt sich eine grobe Ordnung erkennen, die einen Bogen von der Sphäre des Häuslich-Unmittelbaren über die belebte und unbelebte Natur hin zu den fernen Himmelskörpern schlägt: Das verlorene, im Inhaltsverzeichnis fol. 93r aber erwähnte Rätsel vom Topf (Nr. 1: *De olla*) eröffnet eine Reihe von Stücken über Alltagsdinge aus Haus und Hof, einschließlich der Tier- und Pflanzenwelt, wobei thematische Paarungen und kleine Gruppen vorkommen: Tisch und Becher (Nr. 5 und 6), Mühlstein und Saatkorn (Nr. 9 und 12), Ölbaum und Palme (Nr. 14 und 15), Honig und Bienen (Nr. 20 und 21), Pergament und Buchstaben (Nr. 24 und 25) oder Rose, Lilie und Safran (Nr. 34–36). Nach der Lücke folgen fol. 79r–80v abschließend die kosmologischen Rätsel über Sonne, Mond, Himmel, Sterne und Schatten (Nr. 57–62). Bezeichnend ist, dass innerhalb der Sammlung, wie sie sich im Berner Codex präsentiert, einzig der Mond zweimal verrätselt ist, wobei das eine der beiden Stücke (Nr. 59) *De luna* überschrieben ist, während das andere (Nr. 58), das die Mondphasen beschreibt, mit dem Titel *De rota* den in der Komputistik üblichen Begriff vom »Rad« verwendet.

Die teilweise gleiche Abfolge zeigt die um 800 in Verona entstandene, zweitälteste Handschrift Berlin, Staatsbibliothek, Ms. Phillipps 1825. Wie schon Strecker bemerkte, wurden die insgesamt 62 Rätsel darin in zwei Serien kopiert: zuerst (fol. 37v–43r) die Nummern 1–20, 22, 28–31, 24–27, 32–41, 43, 49, 55 und 57–62, und danach (fol. 43r–44v) die übrigen 14, teils titellosen Stücke.[39] Die erste Serie verfolgt damit dieselbe Ordnung vom schlichten Kochtopf zum erhabenen Sternenhimmel, die schon im Bernensis erkennbar ist. Vergleicht man die Abfolgen, so könnte es sein, dass das im Berner Codex vor fol. 79 verlorene Blatt – falls tatsächlich nur ein Blatt fehlt – einst vier jener Rätsel enthielt, die in der Berliner Handschrift auf die Gruppe Rose–Lilie–Safran (Nr. 34–36) folgen: womöglich die Rätsel Nr. 37 (Pfeffer), 38 (Eis), 39 (Efeu) und 41 (Wind) oder auch Nr. 43 (Seidenspinner) und 49 (Regen); so zumindest schlösse sich die Lücke stimmig und ohne Wiederholungen.

Tatsächlich tauchen die Verdoppelungen erst ab dem 9. Jahrhundert auf: die beiden Rosen (Nr. 34 und 52), die Seide bzw. Seidenwürmer (Nr. 28 und 43), das Eis (Nr. 38 und 42), die Sonne (Nr. 55 und 57) und der Mond (Nr. 58 und 59, stets als *luna*) in allen Textzeugen sowie das Pergament (Nr. 24 und 50A) und der Wein (Nr. 50 und 63) in den Handschriften Berlin bzw. Leipzig.[40] Die insgesamt sieben Doubletten fallen somit alle in die Karolingerzeit ebenso wie die Zuschreibung der Sammlung an »Tullius« im Berliner Codex und in der verlorenen Reichenauer Handschrift, das heißt an Marcus Tullius Cicero (106–43 v. Chr.), dessen Werke im Frühmittelalter oft unter diesem Einzelnamen zirkulierten und mit dessen rhetorischen Lehrschriften die Rätsel damit in Verbindung gebracht werden sollten.

Ein offenbar karolingischer Zusatz ist das zweite Berner Wein-Rätsel (Nr. 63), das sich mit seinen sechzehnsilbigen Versen von den restlichen vierzehnsilbigen Stücken unterscheidet und einzig in der Anthologie des Vaticanus und im Leipziger Codex überliefert ist, wo es als eigentlicher Anhang erst nach dem Prosarätsel *De ove* steht.

39 Strecker 1914: 733.

40 Ein Sonderfall ist die thematisch geordnete Handschrift der Vatikanstadt, wo von den Doubletten der Berner Sammlung die Nummern 28/43, 50/63 und 55/57 aufgenommen sind.

Aufgrund des Akrostichons PAULUS, das die sechs Zeilen verbindet, haben Karl Neff und andere das Gedicht dem langobardischen Geschichtsschreiber Paulus Diaconus († vor 800) zugeschrieben, der als Mönch im Kloster Montecassino und zwischen 782 und 786 am Hof Karls des Großen wirkte, wo er auch Rätselgedichte verfasste, doch war der Name bereits in der christlichen Spätantike verbreitet. Neff glaubt, dass Paulus Diaconus, von dem sich im der Leipziger Handschrift weitere Gedichte finden, zwar nicht der Autor der ganzen Berner Sammlung sei, doch diese »in etwas geglätteter Form« an Karls Aachener Hof vermittelt habe und dabei eine Kostprobe seiner eigenen Rätselkunst mitgeliefert habe.[41] Belegen lässt sich dies nicht, doch sollte der Langobarde letztlich nicht der Verfasser des Sechszeilers sein, so handelt es sich hier vielleicht um einen zeitgenössischen Versuch, die gewachsene Sammlung mit dem oberitalienischen Autor und seinem Umkreis in Verbindung zu bringen.

Spätestens ab dem 9. Jahrhundert zirkulierten die Berner Rätsel unter der Bezeichnung *Quaestiones enigmatum rethoricae artis* (oder ähnlich), also – wie bei der Zuschreibung an Cicero – als Rätselfragen und Stilmuster für den Rhetorik- und Lateinunterricht. Einen solchen Schulkontext legt bereits die Anlage des Cod. 611 der Burgerbibliothek nahe, wo die Rätsel mit diversen grammatischen Texten und Exzerpten zusammengebunden sind. So beinhalten fol. 42v–72r einen längeren Auszug aus der *Ars grammatica* des Asper Minor (oder Asporius), einer wahrscheinlich im frühen 7. Jahrhundert in Irland oder Frankreich entstandenen verchristlichten Version von Donatus' *Ars minor*.[42] Die nach fol. 72 verlorene Lage V im selben dritten Teil der Handschrift enthielt aus Isidors *Etymologien* ausgeschriebene Erklärungen zu literarischen Stilmitteln einschließlich der Gattung des Rätsels (*enigma*).[43] Weitere Exzerpte aus Isidor

41 Neff 1908: 82–83.

42 Löfstedt 1976; Holtz 1981: 272–274; Law 2003: 129–131.

43 So im Inhaltsverzeichnis fol. 92v, in Klammern die Stellen bei Isidor, *etym*. (ed.

betreffen u. a. die im Bernensis mehrfach verwendeten Tironischen Noten (fol. 72v); hinzu kommen eine kurze Zusammenstellung von Fragen und Antworten zur Grammatik (fol. 88r) und – am unteren Rand von fol. 77v – ein griechisch-lateinisches Alphabet. Dies alles sowie das kleine Format (18–19 x 14–14.5 cm) des Konvoluts weisen darauf, dass die Rätsel bereits im merowingischen Frankenreich in der Schule verwendet wurden.

Das Versmaß der rhythmischen Hexameter

Die Verbindung zwischen den grammatischen Notizen aus Isidor und den Rätseln ist in doppelter Hinsicht interessant. Letztere sind nämlich nicht nur Musterbeispiele für die bei Isidor als »dunkle Frage« (*quaestio obscura*) definierte Gattung des *enigma*, sondern ihr Versbau illustriert zugleich die im Frühmittelalter als *prosa* bezeichnete rhythmische Dichtung, die – so Isidor – von den Gesetzmäßigkeiten des Metrums »befreit« ist.[44] Mit dem Schwinden des Empfindens für die Silbenquantitäten in der lateinischen Spätantike vollzog sich der Übergang von der metrischen (quantitierenden) zur rhythmischen (akzentuierenden) Poesie mit betontem Wortakzent. Die neuen rhythmischen Formen des Hexameters sind dabei unterschiedlich geregelt, von Commodians quasihexametrischen Gedichten seiner *Instructiones* (3. Jh.?) über Nachahmungen der klassischen Form mit schwankender Silbenzahl bis hin zu Strophen mit strengen Beschränkungen, wie wir sie in den regelmäßig gleichsilbigen Versen der Berner Rätsel finden. Jedes davon besteht aus sechs rhythmischen Hexametern zu drei Zeilenpaaren, die jeweils

Lindsay 1911): *quid est antifrasin* [1, 37, 24] *enigma* [1, 37, 26] *parabula* [1, 37, 33] *paradigma* [1, 37, 34] *prosa* [1, 38] *bucolicus* [1, 39, 16] *epitalamia* [1, 39, 18] *trenos* [1, 39, 19] *epitafium* [1, 39, 20] *fabulas* [1, 40] *sillogismus* [2, 9].

44 Isidor, *etym.* 1, 37, 26 (ed. Spevak 2020: 181, 189): *Enigma est quaestio obscura quae difficile intellegitur, nisi aperiatur*; 1, 38, 1: *Prosa est producta oratio et a lege metri soluta.*

eine gedankliche Einheit bilden.[45] Die Verse sind zweigeteilt und bestehen – außer bei Nr. 63 – praktisch alle aus 6 + 8 Silben mit festen Kadenzen betonter (~́) und unbetonter (~) Silben. Im ersten Halbvers ist die zweitletzte Silbe betont (paroxytonischer Schluss: ~́ ~); im Achtsilber des zweiten Halbverses lautet der Ausgang in der Regel ~́ ~ ~ ~́ ~ wie in Rätsel 14, 1:

Nullam ante tempus inlustrem genero prolem,
~́ ~ ~́ ~ ~́ ~ ~ ~́ ~ ~́ ~ ~ ~́ ~

Der Anfang der ersten Vershälfte ist wie im obigen Beispiel mehrheitlich ~́ ~ betont; bei dreisilbigen Wörtern ist die Folge ~́ ~ ~ zugunsten von ~ ~́ ~ gemieden. Die Quantitäten werden dabei grundsätzlich vernachlässigt, doch klingen in den Zeilen klassische Muster nach, die eine Vertrautheit mit der Struktur des daktylischen Hexameters verraten, wie ihn Symphosius in seinen *Aenigmata* verwendet.[46]

Aufgrund ihres Versbaus zählte Wilhelm Meyer die Berner Rätsel zu den »langobardischen« Hexametern, die er besonders in Epitaphien von oberitalienischen Bischöfen und Königsfamilien des frühen 8. Jahrhunderts erkannte.[47] Als »Rhythmi Langobardici« druckte Karl Strecker diese im selben Band der *Monumenta*, die auch seine Ausgabe der Berner Sammlung und weitere rhythmische Dichtungen der Merowinger- und Karolingerzeit enthält.[48] Die Hexameter der langobardischen Grabinschriften bestehen aus zwei ungleichen Halbzeilen mit 6–8 + 7–9 Silben, meist 15 insgesamt, und haben denselben nachgebildeten Zeilenschluss ~́ ~ ~ ~́ ~ wie die Berner Verse, doch variiert die Silbenzahl auch innerhalb der einzelnen Inschriften. Außer in Italien finden sich rhythmische Hexameter im

45 Enjambement findet sich in Nr. 7, 3–4, 21, 1–2 und 28, 5–6.

46 Zum Versbau der Berner Rätsel ausführlich Meyer 1905: II, 13–16; zudem Norberg, *Introduction*, 1958: 103–105; Klopsch 1972: 24–25.

47 Meyer 1905: I, 230–234.

48 Strecker 1914: 718–731. Zu den langobardischen Rhythmen: Everett 2003: 235–276; Smolak 2005.

Spanien des 8. bis 10. Jahrhunderts, allerdings nur in geistlichen Gedichten, so in der früher Sisbert von Toledo (690/693) zugeschriebenen *Exhortatio poenitendi* oder im streng normierten *Carmen de Petri apostoli liberatione e carcere* (8. Jh.) mit seinen ebenfalls 6 + 8 Silben.[49]

Inwieweit es sich bei einigen frühmittelalterlichen Hexametern tatsächlich um rhythmische Verse oder eher um ungelenke Nachbildungen klassischer Formen handelt, ist in der Forschung umstritten. Die Grabinschrift für den Langobardenkönig Cunincpert († 700) mit ihren teils fehlerhaften Kadenzen etwa ist für Dag Norberg nicht hexametrisch, während Paul Klopsch von Anklängen und »Ersatzlösungen für den nicht mehr erreichbaren quantitierenden Vers« spricht.[50] Die Berner Sammlung hingegen befolgt, wie schon die ersten Kommentatoren bemerkten, ein nach Wortakzent und Silbenzahl »streng einheitliches Schema« und zeigt über ihre insgesamt 384 Verse hinweg eine auffällige Regelmäßigkeit.[51] Die Verbindung zum italienischen Kulturkreis aber gründet – so die traditionelle Auffassung – nicht allein auf den Charakteristika des Versbaus, sondern mehr noch auf der Auswahl der Rätselthemen.

Die mediterranen Themen

Die Berner Sammlung behandelt eine ganze Reihe von Themen aus der belebten und unbelebten Natur, die auf den Raum rund um das westliche Mittelmeer verweisen. Hinzu kommen allerlei Gegenstände und technische Dinge, in deren Schilderungen sich eine Nähe zur Welt der römischen Spätantike zeigt, deren kulturelles Erbe in Italien und den ehemaligen südlichen Provinzen des Imperiums auch nach dessen Zerfall erhalten blieb. Die augenfälligsten Beispiele »medi-

49 Strecker 1914: 760–768 bzw. 1087; dazu Klopsch 1972: 25 u. ders. 1991: 102–104.

50 Norberg, *Introduction*, 1958: 101; Klopsch 1972: 23, 27.

51 Thurneysen 1887: 317; vgl. Meyer 1905, II, 13–14: »Was die Hauptsache, die Betonung betrifft, so ist der Dichter hierin sehr peinlich.«

terraner« Rätselthemen betreffen die Pflanzenwelt. Der Ölbaum (Nr. 14), der Stech-Wacholder (Nr. 16) und die Kastanie (Nr. 47), aber auch die Walnuss (Nr. 48) und die Weinrebe (Nr. 13) gehören genauso zur mittelmeerischen Flora wie das Veilchen (Nr. 33), die Rose (Nr. 34 und 52), die Lilie (Nr. 35) sowie besonders der Safran-Krokus (Nr. 36) und der Senf (Nr. 26). Den Kreis erweitern die in Nordafrika heimische Dattelpalme (Nr. 15) und die Papyrusstaude (Nr. 27).

Manches davon ist ausführlich beschrieben in der römischen Agrarliteratur eines Varro (1. Jh. v. Chr.) oder Columella und Plinius (1. Jh. n. Chr.). Die traditionelle Feststellung etwa, dass der Ölbaum nur in Meeresnähe wächst, findet sich prominent bei Plinius (*nat.* 15, 1) und Columella (*de re rust.* 5, 8, 5) und erklärt die Anspielung im Berner Rätsel auf die Feuchtigkeit, die vom Meer her die Olivenhaine günstig durchdringt (*marinus ... imber*, 14, 4). Im Rätsel von der Dattelpalme (Nr. 15) decken sich die botanischen Beschreibungen nicht nur inhaltlich mit den Ausführungen bei Plinius (*nat.* 13, 28–50), sondern selbst die Bezeichnungen für das Blattwerk (*coma*), die Äste (*rami*), die Früchte (*pomum*, *fructus*) und deren Süße (*dulcis*) sind dieselben. Tatsächlich erklären sich die Berner Rätsel, was die naturkundlichen Details betrifft, grundsätzlich mehr aus der *Naturalis historia* des älteren Plinius als aus den *Etymologien* Isidors von Sevilla (7. Jh.), die stark auf die *Aenigmata* Aldhelms und seiner angelsächsischen Nachfolger gewirkt haben. Die Details, die etwa die Ölbaum-, Palmen- und Papyrus-Rätsel prägen, sucht man bei Isidor vergebens – ebenso wie die Angaben zum Stech-Wacholder (Nr. 16: *De cedria*), dessen spitzen Nadeln und essbaren Zapfen Plinius (*nat.* 13, 52–53) beschreibt, während Isidor (*etym.* 17, 7, 33) unter *cedria* nur das Zedernharz kennt.

Exotisches bildet die Ausnahme auch unter den Tierrätseln, wo speziell der Schwamm (Nr. 32), der schon bei Symphosius erscheint, derselben mediterranen Sphäre entstammt, zu der auch das Rätsel vom Meersalz (Nr. 3) gehört. Doch nicht nur bei den Themen aus der Natur, sondern selbst in der Dingwelt spürt man eine Vertrautheit und Unmittelbarkeit, in der immer wieder die römische Spätantike aufscheint – so beim tönernen Öllämpchen (Nr. 2), dem Schemel (Nr. 4), dem Glasbecher (Nr. 6), dem Besen (Nr. 18), dem Saugrohr (Nr. 31) oder der Mörserkeule (Nr. 53). Verstärkt wird dieser Eindruck durch vereinzelte Anspielungen auf die antike Kultur: Die Arbeit, die der Besen im Haus verrichtet, ist niedriger als die einer Sklavin (*vernacula*, 18, 3); die kostbare Seide tragen Kaiser (*caesares*) auf ihren Armen (28, 5); das Pflanzen des Saatkorns gleicht einer Urnenbestattung (12, 5); mit Salz lassen sich Leichen mumifizieren (3, 5); das Lamm wird geschlachtet, damit das Muttertier mehr Milch geben kann (22, 4); und der Wind ist mächtiger selbst als der große Alexander, der Naturgott Liber und der sagenhafte Herakles (41, 6).

Die antik-frühmittelalterliche Rätseltradition

Der natürliche, materielle und ideelle Raum, den die Berner Rätsel damit evozieren, ist in vielem näher an der paganen spätrömischen Kultur von Symphosius' *Aenigmata* als an der christlichen Lebenswelt der angelsächsischen und karolingischen Rätselsammlungen mit ihrem Einbezug religiöser Themen und des monastischen Milieus, dem sie entstammen. Die fast schon beiläufige Erwähnung der biblischen Eva im Rätsel vom Mühlstein (»Ich bin älter als die Welt, älter als Eva bin ich«, 9, 1) ist denn auch die einzige explizit christliche Referenz innerhalb der Sammlung, freilich ohne dass deswegen die Zeilen anders zu lesen wären als ein wortspielerischer Hinweis auf die Urtümlichkeit des Rätseldings.

Der Einfluss der im 4. oder 5. Jahrhundert entstandenen hundert *Aenigmata* des Symphosius auf die Berner Rätsel ist unbestritten und betrifft sowohl die Form als auch den Inhalt. Symphosius' epigrammartige Tristichen aus daktylischen Hexametern sind hier zu rhythmischen Sechszeilern verdoppelt. Beide Sammlungen folgen einem losen, aus assoziativen Gruppen gefügten Ordnungsprinzip und teilen sich nicht weniger als 21 Themen (vgl. die Tabelle »Parallelen: Themen« im ANHANG). Besonders eng ist die Anlehnung bei den Rätseln vom Schwamm (Symphosius 63, Bern 32) und vom Veilchen (Symphosius 36, Bern 33), wo zur gleichen Anschauung wörtliche Übernahmen hinzukommen; zwanzig weitere Stücke wiederholen ebenfalls Fügungen aus Symphosius, in zwei Fällen (Symphosius 31, 1, Bern 30, 3: *Vita mihi mors est*; Symphosius 85, 2, Bern 56, 1: *Una mihi soror*) ist gar ein ganzer Halbvers kopiert (vgl. die Tabelle »Parallelen: Sprachliches« im ANHANG).

Der weltliche Charakter der Berner Sammlung unterscheidet diese wesentlich von den anglo-lateinischen Rätseldichtungen, bei denen sich die Sphären der Schulrhetorik, des klösterlichen Lebens und der christlich-frommen Erbauung zu eleganten Kompositionen verbinden. Dennoch gibt es zahlreiche Berührungspunkte speziell zu den Aldhelmschen *Aenigmata*, wie die Kritik schon länger festgestellt hat. Insgesamt 19 Themen sind in beiden Sammlungen behandelt, und in acht dieser Paare sind die sprachlichen Parallelen so deutlich, dass die eine Sammlung die andere beeinflusst haben muss (vgl. die beiden Tabellen in ANHANG). Aldhelms Rätsel existierten vermutlich lange vor 685 in einer ersten Fassung, die auch auf dem Kontinent zirkulierte und die vielleicht zu den frühesten Werken des Gelehrten und späteren Abts gehörte.[52] Die Entsprechungen zu unserer Sammlung lassen sich keiner der beiden Fassungen eindeutig zuordnen, doch spricht einiges dafür, dass die Berner Rätsel unter dem Eindruck von Aldhelms *Aenigmata* entstanden und also diesen zeitlich nachfolgen. Drei Gründe lassen diesen Schluss zu:

(1) Drei karolingische Anthologien überliefern die Berner Rätsel zusammen mit denen Aldhelms, doch existiert keine Handschrift der Sammlung aus dem frühen England. Aldhelms *Carmina Eccle-*

52 Lapidge 2012: 19–26.

siastica im Berliner Phillippicus (fol. 29r–37r) sind zwar womöglich aus einem (nicht erhaltenen) insularen Exemplar abgeschrieben – dafür sprechen nach Rudolf Ehwald die Verwechslungen der in der angelsächsischen Minuskel ähnlichen Buchstaben *r*, *s* und *p* –, dies gilt aber nicht für die fol. 37v–44v wohl von gleicher Hand kopierten Rätsel, die nicht dieselben Abschreibfehler aufweisen.[53]

(2) Aldhelm verfasst seine Rätsel nach dem Vorbild der hundert Tristichen des Symphosius und führt diesen in seiner Lehrschrift über die Metrik, der seine ebenfalls 100 *Aenigmata* als Muster beigegeben sind, anerkennend an; die Berner Rätsel hingegen bleiben unerwähnt.[54]

(3) Bei seiner Benutzung von Symphosius geht Aldhelm auffällig eigenständig vor; nur gerade vier Lösungen sind identisch.[55] Inhaltliche Überschneidungen sind – genauso wie die Strophenform des Tristichons – bewusst vermieden, ja Aldhelm variiert und erweitert den Themenkatalog seines Vorbilds gezielt mit eigenen, teils ausgefallenen Beispielen, etwa wenn er zu dessen Rätsel vom Feuerstein je ein eigenes vom Diamant, Drachenstein und Magnet setzt, oder

53 Die Feststellung Ehwalds (1919: 9: »Ex codice insulari scriptura exarato descripta esse haec carmina intelligitur ex librarii erroribus *semige* pro *remige*, *fertis* pro *festis*, *stippe* pro *stirpe*, *signamer* pro *signarier* …«) bezieht sich nur auf die *Carmina Ecclesiastica* und wurde von Lapidge/Rosier (1985: 246) auf den ganzen Inhalt von Ms. Phillipps 1825 übertragen. Eine Verwechslung des in der Handschrift sehr ähnlichen *s* und *r* findet sich einzig im Rätsel 13, 3 (fol. 38v): *Et tormenta simul, casa* [für *cara*] *ne pignora tristant.*

54 Aldhelm, *De metris* 6 (ed. Ehwald 1919: 75–76). Aldhelms Bemerkung an derselben Stelle, dass auch Aristoteles *enigmata* gedichtet habe, bezieht sich auf eine bei Hieronymus, *Contra Rufinum* 3, 39, erwähnte Reihe pseudoaristotelischer Rätselfragen (vgl. Brunhölzl 1975: 538).

55 Symphosius 8: *Nebula* und Aldhelm 3: *Nubes*, Symphosius 51 und Aldhelm 66: *Mola*; Symphosius 73: *Follis* und Aldhelm 11: *Poalum*; Symphosius 92: *Mulier quae geminos pariebat* und Aldhelm 90: *Puerpera geminas enixa*. Wie Klein (2019: 409) richtig bemerkt, wählt Aldhelm typischerweise auch andere Überschriften.

wenn er Symphosius' Fliege mit der Biene, dem Wasserläufer, der Mücke und der Hornisse ergänzt und nicht einen Fluss-, sondern einen Meeresfisch beschreibt. Aldhelm entlehnt zwar vereinzelte Fügungen – wenn auch nicht ganze Verse – von Symphosius, nie jedoch stimmen dabei die Rätselgegenstände überein. Ganz anders beim Verhältnis zwischen Aldhelm und den Berner Rätseln, wo die sprachlichen und thematischen Wiederholungen fast durchwegs zusammenfallen, was darauf hindeutet, dass nicht Aldhelm aus der Berner Sammlung ausgeschrieben hat, sondern diese sowohl Themen als auch Formulierungen aus dessen *Aenigmata* übernimmt.

Parallelen finden sich auch zu den lateinischen Rätselgedichten des Aldhelm-Nachfolgers Tatwin († 734). Diese bestehen aus exakt 40 hexametrischen Stücken, und obgleich Tatwin viel Christlich-Religiöses verhandelt, gibt es einige inhaltliche und sprachliche Übereinstimmungen, wenn auch deutlich weniger als bei Aldhelm. Auffällig sind diese in den Rätseln vom Feuer(funken) (Tatwin 31, Bern 23) und den Buchstaben (Tatwin 4, Bern 25) sowie – besonders ausgeprägt – in den beiden Tisch-Rätseln (Tatwin 29, Bern 5), wo weder Symphosius noch Aldhelm als Verbindung in Frage kommen. Tatwins Geburtsjahr ist unbekannt – überliefert ist nur, dass er 734 im hohen Alter starb, doch könnte er, wie Michael Lapidge annimmt, seine *Aenigmata* schon in jungen Jahren geschrieben haben, sicher lange vor seiner Ernennung zum Erzbischof von Canterbury (731).[56] Denkbar ist es also, dass nicht nur die Rätselgedichte Aldhelms, sondern auch diejenigen Tatwins, wenn auch nicht um vieles, so doch älter sind als die Berner Sammlung und in dieser nachklingen.

56 Lapidge 2004.

Schlussfolgerungen

Die handschriftliche Überlieferung, das Versmaß, die behandelten »mediterranen« Themen und die Stellung der Berner Rätsel innerhalb der Gattungstradition sprechen dafür, dass wenigstens der Kern der Sammlung an der Wende vom 7. zum 8. Jahrhundert im westlichen Mittelmeerraum, vielleicht in Oberitalien – das heißt auf dem Herrschaftsgebiet der katholischen Langobardenkönige zwischen Cunincpert (688–700) und Liutprand (712–744) – entstand. Bekanntlich waren die im 6. Jahrhundert im nördlichen Italien sesshaft gewordenen Langobarden, wie Franz Brunhölzl schreibt, »nach wenigen Menschenaltern von der lateinischen Kultur ergriffen« und orientierten sich eng an den noch vorhandenen Resten der römischen Bildungs- und Dichtungstradition. Dazu gehören nicht zuletzt die für die Region mehrfach bezeugten rhythmischen Hexameter, die das klassische Metrum nachahmen.[57]

Hinzu kommen der antikisierende Gestus, der viele der Berner Rätsel prägt, und die profanen Themen, in denen immer wieder die römische Ding- und Gedankenwelt aufscheint. Mit dem Reichsgebiet der Langobardia Major zwischen der ligurischen Küste und dem Golf von Triest verbinden sich nicht nur die in der Sammlung verrätselten Pflanzen, Tiere und Gegenstände allgemein, sondern auch manches Detail, das vielleicht eigene Anschauung verrät: etwa die Kenntnis des Echten Seidenspinners (Rätsel Nr. 28), die sich aus den langobardischen Handelsbeziehungen zum benachbarten Byzanz und seiner Serikultur erklären lässt, oder die Beschreibung der in Oberitalien verbreiteten Esskastanie (Nr. 14), deren stachelige Fruchtbecher im Herbst von den Bäumen herunterfallen, die vollen

57 Brunhölzl 1975: 60–61; im gleichen Sinn schon Norberg 1954: 99, 102. Zur Romanisierung der Langobarden in Italien und zum kulturellen Aufschwung im frühen 8. Jahrhundert vgl. Riché 1995: 277–283 u. 325–339; Everett 2003; Villa/Lo Monaco 2005. Speziell zur Entwicklung des Lateins in der Region: Norberg, développement, 1958; Stotz 1996–2004: I, §33.

krachend, die leeren hingegen lautlos – ein für den Baum typisches Phänomen, das keine der möglichen Quellen erwähnt (und das in allen Kommentaren bisher falsch gedeutet wurde).[58]

Im nördlichen Langobardenreich des 7. und 8. Jahrhunderts lag das literarische Erbe der lateinischen Antike in den Bibliotheken und Skriptorien der Kathedralschulen und Klöster – in Pavia, Mailand, Monza oder Verona (wo die Berner Rätsel um das Jahr 800 Eingang in die Berliner Handschrift Phillipps 1825 fanden) und in der Benediktinerabtei von Bobbio, dem wichtigsten monastischen Zentrum Oberitaliens. Dass man in Bobbio um 700 mit rhythmischer Dichtung vertraut war, bezeugen die dortigen Abschriften des *Carmen de synodo Ticinesi*, dessen 19 Strophen zu je fünf Versen mit 5 + 7 Silben an die Synode von Pavia von 698 erinnert, die das langobardische Schisma beendete.[59] Spätestens in karolingischer Zeit besaß die Bobbieser Bibliothek eine Ausgabe von Symphosius' *Aenigmata*, wie aus dem im 9. Jahrhundert angelegten Inventar hervorgeht, das nebst viel römischer Poesie auch jene *Ars grammatica* des Asper Minor verzeichnet, die der Berner Codex 611 zusammen mit unseren Rätseln überliefert.[60] Über die Frühzeit der Bobbieser

58 Im langobardischen *Edictum Rothari* von 643 ist das Fällen eines Kastanienbaums unter Strafe gestellt (*r.* 301; Beyerle 1947: 120–121). Die Nähe zum Exarchat Ravenna erklärt womöglich auch die Kenntnis des byzantinischen *follis*, der dort geprägten Kupfermünze, im Rätsel Nr. 54.

59 Mailand, Biblioteca Ambrosiana E. 147 Sup. (CLA III.**26 b+c) und C 105 inf. (CLA III.323b). Zu dem von Strecker (1914: 728–731) edierten *Carmen* vgl. Brunhölzl 1975: 61–62 und Richter 2008: 87–89. Vermutlich noch älter ist der rhythmische Abecedarius auf den 652 verstorbenen Bobbieser Abt Bobulenus (ed. Krusch 1902:153–156; dazu Norberg, développement, 1958: 498–500).

60 Becker 1885: 69, Nr. 422–423: »libros Symphosii II« und 69, Nr. 428–429 (Asper). Zum Bobbieser Bücherverzeichnis vgl. Richter 2008: 140–156. Auch in Corbie besaß man in karolingischer Zeit Abschriften der Versrätsel Aldhelms und Symphosius' in zwei Handschriften, beide heute St. Petersburg, Russische Nationalbibliothek, Lat. Q. v. I. 15 (CLA XI.1618, 2. Hälfte 8. Jh., Aldhelm) und Lat. F. v. XIV. 1 (CLA XI.570, 8./9. Jh., Aldhelm und Symphosius).

Buchkultur, in der irische Traditionen wirkten, lässt sich wenig Gesichertes sagen, doch bestanden Kontakte nicht allein zu den einheimischen Schreibzentren, sondern auch zu den Columbanischen Klöstern im merowingischen Frankenreich, der Heimat der Berner Handschrift.

Trotz alledem lässt sich nicht beweisen, dass die Berner Rätselsammlung – wie einst Manitius glaubte – aus Bobbio stammt, wo man in den Anfangsjahrzehnten noch fast ausschließlich religiöse Texte las und kopierte. Doch was auf die dortige Abtei zutrifft, wird ähnlich für andere, urbane Bildungsstätten des romanisierten Langobardenreichs gegolten haben, auch wenn die Nachrichten dazu fehlen. Die kulturellen Verbindungen zwischen Norditalien, dem merowingischen Frankenreich und dem frühen England waren damals vielfältig und eng genug, sodass auch profane Texte – namentlich solche für den Schulunterricht – über größere Distanzen hinweg zirkulierten. Die Spuren haben sich verwischt, doch die Ursprünge der anonymen Berner Rätsel liegen vermutlich im nördlichen Italien des späten 7. oder frühen 8. Jahrhunderts, obgleich die moderne Bezeichnung der Sammlung nichts davon verrät.

Sprache und Stil

Die bei Wilhelm Meyer als »Barbarismen« aufgelisteten sprachlichen Eigentümlichkeiten der Berner Rätsel sagen nichts Näheres über die Heimat und die Entstehungszeit der Sammlung aus.[61] Manches davon begegnet, wenn nicht bereits im spätantiken Latein, so auch sonst in der mittellateinischen Dichtung des Frühmittelalters: etwa bloßes *nec* statt *nec … nec*; *nam* für *autem* oder nur anknüpfend; präpositionales *infra* statt *intra*; Komparativ mit *a(b)*; *postquam* für *postea*; *quas* statt *quae* (17, 4); *fili* nebst *filii* (14, 5 und 52, 3) und so

61 Meyer 1905: II, 159–161 (zuerst 1886: 415–416).

fort. Der Sprachwandel zeigt sich auch in einzelnen Ausdrücken wie *iterato* im Sinne von »wiederum« (59, 4), *supporto* mit der Bedeutung »ertragen« (50, 3), *gladio* für »Messer« (19, 3; 24, 4) oder *certamine* für »Stoß, Hieb« (52, 6).

Nebst einzelnen häufig verwendeten Wörtern wie *mater*, *pater*, *corpus*, *caput*, *nasci* oder *generare* sind gelegentlich ganze Fügungen wiederholt, so etwa bei *semper consistere locis* im Eingangsvers der Rätsel vom Schemel und vom Schatten (4, 1; 61, 1), *venter mihi nullus* von der Mausefalle und der Mörserkeule (40, 3; 53, 1), *os est mihi* (41, 3, Wind; 45, 1, Erde), *nullo sub pondere* (7, 4, Tierblase; 24, 6, Pergament), *per oscula gaudent* (42, 3, Eis; 46, 6, Hammer), *genero natos* (13, 4, Weinrebe; 14, 2, Ölbaum; 29, 3, Spiegel; 52, 1, Rose), *perambulo terras* (37, 1, Pfeffer; 55, 4, Sonne), *consistere plantis* (39, 5, Efeu; 50A, 3, Pergament) oder *nec vulnero dente* (37, 5, Pfeffer) und *dente nec vulnero* (41, 3, Wind). Dabei vermeiden die Berner Rätsel jene seltenen Vokabeln und Gräzismen, die Aldhelm in seinen Rätselgedichten gerne gebraucht, und folgen auch sonst mehr den konzisen Tristichen des Symphosius als den teils ausschweifenden Kompositionen des Angelsachsen.

Dass von allen vormodernen Sammlungen die Berner Rätsel sich am nächsten mit den spätantiken *Aenigmata* des Symphosius verbinden, liegt nicht allein an der Versform (hier rhythmische Sechszeiler, dort metrische Tristichen) und an der Auswahl der Themen, die sich ganz dem Hier und Jetzt zuwenden, Abstraktes meiden und alles Religiöse ausblenden, sondern auch an der Verwendung einer Reihe von Stilmitteln, die bei Symphosius gattungstypisch vorgebildet sind. Dazu gehören die verhüllende Beschreibung mittels Metapher und Metonymie, Reihungen von Gegensatzpaaren (Antithese) und Paradoxa, Periphrase (Umschreibung) und Polysemie (Mehrdeutigkeit), oder Anthropomorphismen und Personifikation der in Ich-Form sprechenden Rätseldinge (Prosopopöie) sowie wortspielerische Klangfiguren (Alliteration, Paronomasie, Polyptoton). Die sprachliche Verschlüsselung folgt dem für das literarische

Rätsel konstituierenden Prinzip des Vergleichs. Dieser beruht auf dem, was die antike Rätseldefinition die »verborgene Ähnlichkeit der Dinge« (Donatus) nennt: Der zu erratende Gegenstand *gleicht* zwar dem Anderen, als das er beschrieben wird, *ist* dieses suggerierte Andere jedoch nicht, da nicht alle Einzelheiten auflösbar sind und die Analogie letztlich nicht aufgeht.[62] So präsentiert sich der Schemel (Nr. 4: *De scamno*) als zahmes Reitpferd samt Huf, Zügel und Sporen, das allerdings nur im »Stall«, das heißt im Innern des Hauses, willig jemanden auf seinem Rücken trägt; der Schatten (Nr. 61: *De umbra*) gleicht einem Baum mit Ästen, doch bewegt er sich weg und verschwindet, will man ihn einholen; oder das Sieb (Nr. 17: *De cribro*), das man antreibt wie ein Zugtier, hat wohl einen offenen Mund, jedoch keine inneren Organe.

Entschiedener als bei Symphosius sind hier die zu erratenden Sachen, Pflanzen, Tiere und Naturerscheinungen sinnbegabte, sprechende und oft fühlende Wesen, denn ausnahmslos alle 64 Rätsel der Sammlung personifizieren ihren Gegenstand – teils mit grotesken Anthropomorphismen und unter Nennung von allerlei Körperteilen – und reden uns praktisch überall in der Ich-Form an.[63] Damit verbunden ist die für die Sammlung typische Bildlichkeit der Geburts- und Familien-Metaphern, die vielfach zu kleinen Geschichten des geheimnisvollen Werdens und Sich-Veränderns versponnen sind. Die Tonflasche etwa ist schon bei Symphosius (*Aenig.* 81: *Lagena*) das Kind der mütterlichen Erde (*Tellus*, f.) und des väterlichen Feuers (*Prometheus*, m.), wobei die Mutter ihr Geschöpf zerstört, sobald die Flasche am Boden zerbricht. Das inhaltlich verwandte Berner Rätsel vom irdenen Kochtopf (Nr. 1: *De olla*) erwei-

62 Donatus, Ars maior 3, 6 (ed. Holtz 1981: 672): *Aenigma est obscura sententia per occultam similitudinem rerum*. Donatus' Beispiel des Eis-Rätsels ist erklärt im Kommentar zu den Rätseln 38 und 42.

63 Die einzigen Ausnahmen sind die beiden nicht-prosopopöischen Rätsel vom Blasebalg und Geldbeutel (Nr. 54) und von den Sternen (Nr. 62). Das Buchstaben- und das Lilien-Rätsel (Nr. 25 und 35) gebrauchen die Wir-Form.

tert die Familie um einen zweiten Vater, wenn zum Feuer (*ignis*, m.) die ebenfalls männliche Tonerde (*limus*, m.) tritt, die mithilfe des mütterlichen Wassers (*aqua*, f.) aufgeweicht und auf der Töpferscheibe geformt wird. Doch die Entstehung und Verwandlung führt hier nicht zu einem jähen Ende, sondern die Verse schließen mit einem Hinweis auf den Dienst des Rätseldings am Menschen, wenn zuletzt im Topf warmes Essen kocht.

Immer wieder lesen wir von Eltern, Kindern und Geschwistern, die zeugen und geboren werden, nähren und gedeihen, bleiben und vergehen: Der Tisch schart die Essenden um sich wie eine säugende Mutter ihre Kinder (Nr. 5: *De mensa*); das Saatkorn ist der selbstlose Vater des Getreides (Nr. 12: *De grano*); oder die Sterne kreisen als stumme Schwestern am Himmelsgewölbe (Nr. 62: *De stellis*). Wie beim Topf-Rätsel entspricht dabei die jeweilige verwandtschaftliche Rolle dem grammatischen Geschlecht des Rätseldings, doch ist das Spiel mit den Genera bezeichnend für die Sammlung insgesamt und konsequent umgesetzt: Ist das Titel- und Lösungswort – und damit das sprechende Ding – im Lateinischen feminin, so sind es auch die Nomina, Adjektive und Partizipien, die sich darauf beziehen; in den anderen Fällen (Maskulina und Neutra) findet sich in der Regel die männliche Form.

Besonders verwirrend wird das Ganze, wenn die Rätselrede aus antithetischen Reihungen besteht. Das Holz des Schiffs (Nr. 11: *De nave*) beispielsweise lebt als Baum und ist tot als Schiffsplanke, steht und liegt; und das Schiff selbst ist leer und beladen, wenn es, selbst leblos, Leben in Form von Nahrung spendet. Die Gegensatzpaare lebendig/tot, alt/jung, groß/klein, stark/schwach usw. strukturieren eine ganze Reihe von Rätseln und sind meist zu ein- oder zweizeiligen Paradoxa gefügt. So ist das Ei (Nr. 8: *De ovo*), in dem das Küken heranwächst, Mutter und Kind zugleich; der Schwamm (Nr. 32: *De spongia*) ist leicht, hält man ihn in der Hand, doch schwer, wenn man ihn loslässt und er sich mit Wasser füllt, sodass er seine eigene »Mutter« gebiert, drückt man ihn wieder aus; und das Pfefferkorn (Nr. 37: *De pipere*) wird erst stark, wenn man es bricht und es diejenigen »beißt«, die es mit ihren Zähnen zerbeißen, obgleich es selbst zahnlos ist.

Manches davon gehört traditionell zum stilistischen Repertoire der Rätseldichtung – Vergleichsbilder der Geburt und Familie und ähnliche Anthropomorphismen kennen auch Symphosius und Aldhelm –, doch nur in der Berner Sammlung sind die Redefiguren so dicht und regelmäßig verwendet, als ginge es darum, ein rhetorisches Munster gleichsam wie in der Übungsstunde stets neu zu variieren. Das einheitliche Prinzip und die zuweilen etwas ermüdenden Wiederholungen erzeugen so eine Geschlossenheit, die die Berner Rätsel von den übrigen frühmittelalterlichen Sammlungen unterscheidet. Anders als in den lateinischen und volkssprachlichen Rätselgedichten aus dem frühen England finden wir hier keine einleitenden Formeln und abschließenden Rateaufforderungen (»Sage, wie ich heiße …«), auch gibt es keine logogriphischen Elemente wie beim Buchstabenrätsel, wo sich das Lösungswort durch Umstellen oder Weglassen einzelner Silben und Lettern erschließt. Und vor allem fehlen jene obszönen Doppeldeutigkeiten, für die die altenglischen Rätsel des Exeterbuchs (10. Jh.) bekannt sind.

Vielmehr spricht aus den Berner Stücken ein Staunen über die schillernde Vielfalt und verborgene Schönheit der Welt – von den alltäglichsten Sachen, die uns umgeben, bis zu den wundersamen Vorgängen der Natur, ob klein und unscheinbar oder glanzvoll entrückt. Die letztlich unergründbare Ordnung des Seins zeigt sich hier als vielstimmiges Spiel, in dem sich die Dinge stetig wandeln und sich in rätselhaften Sprachbildern vor uns verhüllen und enthüllen.

Zu dieser Ausgabe

Sämtliche 64 Berner Rätsel sind hier im lateinischen Originaltext und in deutscher Übersetzung wiedergegeben und kommentiert. Die insgesamt sieben Abteilungen – Hausrat, Technisches, Bäume und

Nutzpflanzen, Aus dem Garten, Tiere, Die Elemente, Himmlisches – präsentieren die Gedichte in thematischen Gruppen und folgen damit dem groben Schema der Handschriften, die allerdings keine einheitliche Reihenfolge aufweisen. Die gewählte Anordnung vereinigt nebst inhaltlich zusammengehörenden Texten auch solche, die ein und denselben Gegenstand behandeln, in den Handschriften jedoch getrennt sind, und ermöglicht so nahe Vergleiche und Erkenntnisse, nicht zuletzt was die teils schwierige Sprache und die bizarre Bildlichkeit mancher Stücke betrifft. Die Kommentare bieten nebst sprachlichen Erläuterungen erklärende Hinweise zur Sach- und Naturgeschichte der behandelten Rätselgegenstände und sollen helfen, die Berner Rätsel sowohl in ihrem geschichtlichen und kulturellen Kontext als auch als Teil einer Dichtungstradition zu verstehen.

Der lateinische Text samt der Nummerierung folgt der kritischen Ausgabe von Karl Strecker (1914); die wenigen Abweichungen basieren auf bevorzugten Lesarten in den Handschriften und sind im ANHANG verzeichnet. Alle greifbaren Ausgaben und (Teil-)übersetzungen der Berner Sammlung wurden eingesehen, wobei eine Reihe von Rätseln hier neu gedeutet werden, darunter die vier in den Handschriften titellosen Rätsel Nr. 48, 50A, 53 und 54 mit den Lösungsvorschlägen »Walnuss«, »Pergament«, »Mörserkeule« bzw. »Blasebalg und Geldbeutel«. Abweichend von der bisherigen Literatur sind auch die Deutungen der Rätsel Nr. 4 (*De scamno*, Schemel), 46 (*De malleo*, Hammer), 47 (*De castanea*, Kastanie), und 56 (*De verbo*, Wort).

In den Erklärungen wurden Verweise auf Fachliteratur bewusst weggelassen, dafür finden sich ausgewählte Literaturangaben in der Bibliografie. Stillschweigend verwendet wurden ebenso die dort aufgeführten Nachschlagewerke. Symphosius' *Aenigmata* sind zitiert nach dem kritischen Text bei Bergamin (2005), diejenigen Aldhelms und Tatwins nach Ehwald (1919) bzw. Glorie (1968). Alle Übersetzungen stammen, falls nicht anders vermerkt, vom Herausgeber.

TEXTE UND ÜBERSETZUNGEN

HAUSRAT

Rätsel Nr. 1, 2, 4, 5, 6, 9, 10, 17, 18, 29, 53

Eine Reihe der Berner Rätsel behandeln Gegenstände aus Haus und Hof oder andere Geräte des spätantiken und frühmittelalterlichen Alltags. Manches davon findet sich ähnlich verrätselt bereits in der Sammlung des Spätrömers Symphosius (4./5. Jh.), etwa die Leiter, der Besen oder der Spiegel. Dass in den Berner Rätseln ausgerechnet so triviale Dinge wie ein Kochtopf oder ein Sieb nicht nur zum literarischen Thema erhoben werden, sondern dass diese, obwohl unbeseelt, aus den Versen sprechen und ihre Vorzüge beschreiben, gehört zum Witz der Gattung.

Dabei vermitteln uns diese Rätsel nicht nur kulturgeschichtliche Details des vormodernen Lebens, sondern sie erzählen kleine Geschichten vom Werden und Vergehen, von Arbeit und Zugehörigkeit, in denen sich die Sphären des Menschlichen und Nicht-Menschlichen verschränken, sodass was vermeintlich leblos ist, als wesentlicher Teil der Welt für uns erkennbar wird.

Aenigma I

De olla

Ego nata duos patres habere dinoscor;
Prior semper manet, alter, qui vita finitur.
Tertia me mater duram mollescere cogit
Et tenera giro formam adsumo decoram.
Nullum dare victum frigenti corpore possum,
Calida sed cunctis salubres porrego pastos.

Aenigma II

De lucerna

Me mater novellam vetus de germine finxit
Et in nullo patris formata sumo figuram.
Oculi non mihi lumen ostendere possunt,
Patulo sed flammas ore produco coruscas.
Nullum me continget imber nec flamina venti,
Dum amica lucis domi delector in umbras.

Rätsel 1

Der Kochtopf

Ich bin bekanntlich das Kind zweier Väter;
der erste ist beständig, das Leben des anderen begrenzt.
Als dritte macht meine Mutter, dass meine Härte weich wird,
und noch zart, nehme ich im Kreis eine schöne Form an.
Aus kaltem Leib kann ich keine Nahrung geben,
doch warm reiche ich allen bekömmliche Speisen.

Rätsel 2

Die Öllampe

Eine alte Mutter hat mich als Neugeborene aus einem Keim gebildet,
doch meine Form gleicht in nichts der Gestalt des Vaters.
Meine Augen können kein Licht sehen,
offenen Munds aber erzeuge ich funkelnde Flammen.
Nichts kann mich berühren, weder Regen noch ein Windstoß,
solange es mir als Freundin des Lichts zuhause im Dunkeln gefällt.

Aenigma VI

De calice

Nullius ut meam lux sola penetrat umbram
Et natura vili miros postpono lapillos.
Ignem fero nascens, natus ab igne fatigor.
Nulla me putrido tangit nec funera turbant:
Pristina defunctus sospes in forma resurgo
Et amica libens oscula porrego cunctis.

Aenigma XXIX

De speculo

Uterum si mihi praelucens texerit umbra,
Proprios volenti devota porrego vultus.
Talis ego mater vivos non genero natos,
Sed petenti vanas diffundo visu figuras.
Exiguos licet mentita profero foetos,
Sed de vero suas videnti dirigo formas.

Rätsel 6

Der Glasbecher

Wie bei keinem sonst durchdringt das Licht allein meine Dunkelheit,
und von Natur aus wertlos, gebe ich nichts auf Edelsteinchen.
Feuererfüllt komme ich zur Welt, doch einmal geboren, ermattet mich das Feuer;
keine Fäulnis berührt mich, noch beunruhigt mich der Tod.
Tot auferstehe ich unversehrt in alter Gestalt
und gewähre gerne allen freundliche Küsse.

Rätsel 29

Der Spiegel

Wenn ein strahlender Schatten meinen Leib bedeckt,
zeige ich denen, die es wünschen, getreu ihr eigenes Gesicht.
So gebäre ich als Mutter keine lebendigen Söhne,
sondern verbreite leere Gestalten für die, die sie sehen wollen.
Zwar bringe ich mit meinem Trug nur dürftige Kinder hervor,
den Betrachtenden aber halte ich ihr wahres Aussehen entgegen.

Aenigma IV

De scamno

Mollibus horresco semper consistere locis,
Ungula nam mihi firma, si caute ponatur.
Nullum, iter agens, sessorem dorso requiro,
Plures fero libens, meo dum stabulo versor.
Nulla frena mihi mansueto iuveni pendas,
Calcibus et senem nolo me verberes ullis.

Aenigma V

De mensa

Pulchra mater ego natos dum collego multos,
Cunctis trado libens quicquid in pectore gesto.
Oscula nam mihi prius qui cara dederunt,
Vestibus exutam turpi me modo relinquunt.
Nulli sicut mihi pro bonis mala redduntur;
Quos lactavi, nudam pede per angula versant.

Rätsel 4

Der Schemel

Mir graut es, stets an weichen Orten zu stehen,
denn mein Huf ist fest, wenn man ihn vorsichtig setzt.
Reise ich, so brauche ich keinen Reiter auf dem Rücken;
willig trage ich viele, wenn ich in meinem Stall bin.
Lege mir keine Zügel an, solange ich ein zahmer Jüngling bin,
und bin ich alt, will ich nicht, dass du mir die Sporen gibst.

Rätsel 5

Der Tisch

Wenn ich als strahlende Mutter meine vielen Kinder um mich schare,
reiche ich allen gern, was ich in meiner Brust trage.
Die mir aber zuvor noch liebe Küsse gaben,
verlassen mich alsbald schmählich, meiner Kleidung beraubt.
Keinem so wie mir vergelten sie Gutes mit Bösem;
die ich gesäugt, drehen mich nackt beim Fuß in die Ecke.

Aenigma X

De scala

Singula si vivens firmis constitero plantis,
Viam me roganti directam ire negabo.
Gemina sed soror meo si latere iungat,
Coeptum valet iter velox percurrere quisquis.
Unde pedem mihi nisi calcaverit ille,
Manibus quae cupit numquam contingere valet.

Aenigma XVIII

De scopa

Florigeras gero comas, dum maneo silvis,
Et honesto vivo modo, dum habito campis.
Turpius me nulla domi vernacula servit
Et redacta vili solo depono capillos;
Cuncti per horrendam me terrae pulverem iactant,
Sed amoena domus sine me nulla videtur.

Rätsel 10

Die Leiter

Lebte ich allein und stünde still auf festen Füßen,
könnte ich niemandem einen geraden Weg bieten.
Wenn aber meine Zwillingsschwester sich mir zur Seite stellt,
kann jeder die begonnene Strecke rasch durchlaufen.
Und tritt man mir nicht auf den Fuß,
wird man mit Händen nie erreichen, was man begehrt.

Rätsel 18

Der Besen

Ich trage blütenreiche Locken, solange ich in den Wäldern weile,
und lebe ehrenhaft, solange ich auf den Feldern wohne.
Im Haus verrichtet keine Sklavin eine schmählichere Arbeit als ich,
und auf den bloßen Boden gezerrt, lasse ich das Haar fallen.
Alle jagen mich durch den widerwärtigen Staub der Erde,
doch kein Haus gilt ohne mich als schön.

Aenigma IX

De mola

Senior ab aevo, Eva sum senior ego,
Et senectam gravem nemo currendo revincit.
Vitam dabo cunctis, vitam si tulero multis.
Milia prosterno, manu dum verbero nullum.
Satura nam victum, ignem ieiuna produco,
Et uno vagantes possum conprendere loco.

Aenigma XVII

De cribro

Patulo sum semper ore nec labia iungo.
Incitor ad cursum frequenti verbere tactus.
Exta mihi nulla; manu si forte ponantur,
Quas amitto currens, minuto vulnere ruptus,
Meliora cunctis, mihi nam vilia servans;
Vacuumque bonis inanem cuncti relinquunt.

Rätsel 9

Der Mühlstein

Ich bin älter als die Welt, älter als Eva bin ich,
und niemand bezwingt mein hohes Alter im Laufen.
Allen werde ich Leben geben, wenn ich vielen das Leben nehme.
Tausende vernichte ich, doch schlage ich keinen mit der Hand.
Satt erzeuge ich Nahrung, nüchtern aber Feuer,
und Rastlose kann ich an ein und demselben Ort fassen.

Rätsel 17

Das Sieb

Mein Mund ist stets offen und die Lippen schließe ich nie.
Von häufigen Schlägen getroffen, werde ich zum Laufen gebracht.
Eingeweide habe ich keine; legt man solche etwa von Hand hinein,
verliere ich sie laufend – von winzigen Wunden durchlöchert –
als das Bessere für alle, das Wertlose aber behalte ich für mich;
und alle lassen mich leer und ohne Gutes zurück.

Aenigma LIII

[De pistillo]

Venter mihi nullus, infra praecordia nulla,
Tenui nam semper feror in corpore siccus.
Cibum nulli quaero, ciborum milia servans.
Loco currens uno lucrum ac confero damnum.
Duo mihi membra tantum in corpore pendunt,
Similemque gerunt caput et planta figuram.

Rätsel 53

Die Mörserkeule

Ich habe keinen Bauch und keine Eingeweide im Innern,
denn nüchtern trägt man mich stets am schmächtigen Körper.
Nach Speise verlange ich nicht, tausende Speisen hüte ich.
Laufe ich an ein und demselben Ort, bringe ich Gewinn, aber auch Verlust.
Nur zwei Glieder hängen an meinem Körper,
und Kopf und Fuß haben eine ähnliche Gestalt.

TECHNISCHES

Rätsel Nr. 11, 24, 25, 31, 40, 46, 50A, 54, 56

Nahe an der geschäftigen Welt des Haushalts, doch nicht alltäglich, ist die Gruppe technischer Gegenstände und Erfindungen, die in der Berner Sammlung verrätselt sind. Dazu gehören nicht nur handwerkliche Instrumente, sondern auch der Bereich der Buchherstellung als Teil der vormodernen Informationstechnologie. Traditionelle Rätselgegenstände stehen dabei neben Ausgefallenem, Vertrautes neben Dingen, deren genaue Gestalt wir nur erahnen können, und auch hier spiegelt sich in den Texten eine Zeit des Übergangs: Das Wasserspiel des Druckrohrs erinnert an die technischen Wunder römischer Ingenieurskunst, während Hammer und Blasebalg uns in die Werkstatt eines spätantiken Schmieds blicken lassen und die Buch-Rätsel schon der mittelalterlichen Schreibstube anzugehören scheinen.

Die unbelebte Welt aber ist einmal mehr vermenschlicht und spricht: Die Gestalt wird zum Körper, der Hohlraum zum Bauch, die Ausformung zum Kopf oder die Öffnung zum Mund. So dienen die technischen Dinge nicht nur dem Wohl der Menschen, sondern nehmen teil am Spiel des Lebens.

Aenigma XLVI

De malleo

Una mihi toto cervix pro corpore constat,
Et duo libenter nascuntur capita collo.
Versa mihi pedum vice dum capita currunt,
Lenes reddo vias, calle quas tero frequenti.
Nullus mihi comam tondet nec pectine versat:
Vertice nitenti plures per oscula gaudent.

Aenigma LIV

[De follibus]

Duo generantur multo sub numero fratres,
Nomine sub uno divisus quisque natura.
Pauper atque dives pari labore premuntur;
Pauper semper habet divesque saepe requiret.
Caput illis nullum, sed os cum corpore cingunt.
Nam stantes nihil, iacentes sed plurima portant.

Rätsel 46

Der Hammer

Aus einem einzigen Nacken besteht mein ganzer Leib,
und zwei Köpfe wachsen munter aus dem Hals.
Während anstelle von Füßen meine Köpfe laufen,
mache ich die Wege glatt, die ich auf meinem steten Gang betrete.
Niemand schert mein Haar oder richtet es mit dem Kamm:
Viele freuen sich ob der Küsse meines glänzenden Scheitels.

Rätsel 54

Der Blasebalg und der Geldbeutel

Zwei Brüder werden unter vielen erzeugt;
unter demselben Namen ist jeder von Natur aus verschieden.
Der Arme und der Reiche sind mit der gleichen Arbeit belastet;
der Arme hat stets, und der Reiche verlangt oft mehr.
Sie haben keinen Kopf, aber umfassen den Mund mit dem Körper.
Verharren sie, bringen sie nichts, doch liegen sie da, vieles.

Aenigma XXXI

De nympha

Ore mihi nulla petenti pocula dantur,
Ebrius nec ullum reddo perinde fluorem.
Versa mihi datur vice bibendi facultas
Et vacuo ventri potus ab ima defertur.
Pollice depresso conceptas denego limphas
Et sublato rursum diffusos confero nimbos.

Aenigma XL

De muscipula

Vinculis extensa multos conprendo vagantes
Et soluta nullum queo conprendere pastum.
Venter mihi nullus, quo possint capta reponi,
Sed multa pro membris formantur ora tenendi.
Opes mihi non sunt, sursum si pendor ad auras,
Nam fortuna mihi manet, si tensa dimittor.

Rätsel 31

Das Saugrohr

Meinem verlangenden Mund werden keine Becher gereicht,
und trunken gebe ich ebenso keine Flüssigkeit zurück.
Umgekehrt macht man, dass ich trinken kann,
und führt den Trunk aus der Tiefe in den leeren Bauch.
Senkt man den Daumen, verweigere ich das empfangene Wasser,
und hebt man ihn wieder, bringe ich Regenschauer.

Rätsel 40

Die Mausefalle

Bin ich aufgespannt, fange ich viele Rastlose mit Fesseln,
doch gelöst, kann ich keine Nahrung fangen.
Ich habe keinen Bauch, wo das Erbeutete liegen könnte,
aber statt Gliedern sind viele Mäuler zum Festhalten da.
Reich werde ich nicht, hängt man mich in die Lüfte,
doch bleibt mir das Glück treu, lässt man mich gespannt liegen.

Aenigma XI

De nave

Mortua maiorem vivens quam porto laborem.
Dum iaceo, multos servo, si stetero, paucos.
Viscera si mihi foris detracta patescant,
Vitam fero cunctis victumque confero multis.
Bestia defunctam avisque nulla me mordit,
Et onusta currens viam nec planta depingo.

Aenigma XXIV

De membrana

Lucrum viva manens toto nam confero mundo
Et defuncta mirum praesto de corpore quaestum.
Vestibus exuta multoque vinculo tensa,
Gladio sic mihi desecta viscera pendent.
Manibus me postquam reges et visu mirantur,
Miliaque porto nullo sub pondere multa.

Rätsel 11

Das Schiff

Tot trage ich größere Last als lebendig.
Während ich liege, hüte ich viele, wenn ich stehe, wenige.
Sind meine Eingeweide ausgenommen und offen da,
bringe ich allen Leben und schaffe vielen Nahrung herbei.
Einmal gestorben, beißen mich weder Tier noch Vogel,
und gehe ich beladen meinen Weg, hinterlasse ich keine Fußspur.

Rätsel 24

Das Pergament

Solange ich lebe, verschaffe ich der ganzen Welt Reichtum,
und tot gewähre ich aus meinem Leib wunderbaren Gewinn.
Der Kleidung beraubt und mit mancher Fessel gestreckt,
hängen so meine Eingeweide, vom Messer zerschnitten.
Später bestaunen mich Könige mit Händen und Augen,
und ich trage viele Tausende ohne irgendein Gewicht.

Aenigma L[A]

[De membrana]

Multimodo matris divellor opere membris
Et truncata multum reddor de minimo maior.
Fateor intacta firmis consistere plantis;
Opera nullius virgo momenti relinquo.
Solida disiungor, rursum soluta reformor,
Quo secura meis credantur liquida membris.

Aenigma XXV

De litteris

Nascimur albenti loco sed nigrae sorores;
Tres unito simul nos creant ictu parentes.
Multimoda nobis facies et nomina multa,
Meritumque dispar vox et diversa sonandi.
Numquam sine nostra nos domo detenet ullus,
Nec una responsum dat sine pari roganti.

Rätsel 50A

Das Pergament

Mit vielerlei Aufwand entreißt man mich den Gliedern der Mutter,
und mehrfach beschnitten, werde ich von sehr klein zu sehr groß.
Unversehrt, sage ich, stehe ich auf festen Füßen;
unberührt hinterlasse ich wertlose Werke.
Bin ich ganz, werde ich getrennt, bin ich lose, werde ich wieder hergestellt,
weshalb man vertrauen kann, dass in meinen Gliedern Flüssiges geschützt ist.

Rätsel 25

Die Buchstaben

An einem weißen Ort, doch als schwarze Schwestern werden wir geboren;
drei Eltern zeugen uns zusammen in einem einzigen Streich.
Mannigfach ist unser Aussehen und viele Namen haben wir,
auch ist unser Wert ungleich und jede Stimme klingt verschieden.
Niemand kann uns jemals außerhalb unseres Hauses festhalten,
und keine antwortet, ohne dass man entsprechend fragt.

Aenigma LVI

De verbo

Una mihi soror, unus et ego sorori.
Coniux illa mihi, huius et ego maritus.
Numquam uno simul toro coniungimur ambo,
Sed a longe meam pregnantem reddo sororem.
Quotquot illa suos gignit ex utero partus,
Cunctos uno reddo tectos de peplo nepotes.

Rätsel 56

Das Wort

Eine einzige Schwester habe ich und mich allein hat die Schwester.
Meine Gattin ist sie und ich ihr Gatte.
Nie sind wir beide in einem Bett zugleich vereint,
aber aus der Ferne mache ich meine Schwester schwanger.
Wie viele Kinder sie auch aus ihrem Leib zeugen mag,
ich mache, dass ein einziges Gewand alle Nachkommen deckt.

BÄUME UND NUTZPFLANZEN

Rätsel Nr. 12, 13, 14, 15, 16, 27, 47, 48, 50, 63

Die in den Handschriften aufeinander folgenden Rätsel vom Saatkorn, der Weinrebe und dem Ölbaum (Nr. 12–14) behandeln die drei seit alters zentralen Nahrungs- und Besitzgüter des Mittelmeerraums – Getreide, Wein und Olivenöl – und bilden zusammen mit der Dattelpalme (Nr. 15) und der Wacholderbeere (Nr. 16) eine kleine thematische Gruppe. Auffällig darin ist die genaue und detailreiche Kenntnis der mediterranen Flora, die sich genauso in den Rätseln von der Papyrusstaude (Nr. 27), der Kastanie (Nr. 47) und der Walnuss (Nr. 48) zeigt, und die in vielem mit dem übereinstimmt, was sich in den römischen Schriften zum Landbau – bei Cato, Varro, Vergil, Columella, Plinius oder Palladius – findet.

Dazu gehört die Vorstellung des im Lateinischen femininen Baums (*arbor*) als »Mutter« der Setzlinge oder Früchte, die die Rätsel mehrfach abwandeln und mit den charakteristischen Motiven der Geburt, der Familie und des Todes verbinden. So sind hier der Ölbaum, der Wacholder, die Edelkastanie, der Walnussbaum und die Weinrebe die personifizierten Mütter der an ihnen als »Kinder« wachsenden Beeren und Nüsse, während das männliche Saatkorn der »Vater« des Getreides ist und der Papyrus als »Sohn« des Wassers heranwächst.

Aenigma XIV

De oliva

Nullam ante tempus inlustrem genero prolem
Annisque peractis superbos genero natos.
Quos domare quisquis valet industria parvos,
Cum eos marinus iunctos percusserit imber.
Asperi nam lenes sic creant filii nepotes,
Tenebris ut lucem reddant, dolori salutem.

Aenigma XV

De palma

Pulchra semper comis locis consisto desertis,
Ceteris dum mihi cum lignis nulla figura.
Dulcia petenti de corde poma produco
Nullumque de ramis cultori confero fructum.
Nemo, qui me serit, meis de fructibus edit,
Et amata cunctis flore sum socia iustis.

Rätsel 14

Der Ölbaum

Edlen Nachwuchs zeuge ich nie zu früh,
nach Jahren aber zeuge ich vortreffliche Kinder.
Jeder kann die Kleinen mit Fleiß erziehen,
solange die Feuchtigkeit des Meeres die Verbundenen durchdringt.
So erschaffen bittere Söhne milde Enkel,
damit diese Licht in die Finsternis und Linderung dem Schmerz bringen.

Rätsel 15

Die Dattelpalme

Mit stets schönem Schopf stehe ich in Wüstengegenden,
und dabei ist meine Gestalt nicht wie bei anderen Bäumen.
Süßes Obst erzeuge ich aus dem Innersten für die, die danach verlangen,
doch von meinen Ästen bringe ich dem Züchter keine einzige Frucht.
Niemand, der mich sät, wird von meinen Früchten essen,
und stehe ich in Blüte, bin ich allen Gerechten eine liebe Gefährtin.

Aenigma XVI

De cedria

Me mater ut vivam spinis enutrit iniquis;
Faciat ut dulcem, inter acumina servat.
Tereti nam forma ceram confingo rubentem
Et incisa nullam dono de corpore guttam.
Mellea cum mihi sit sine sanguine caro,
Acetum eructant exta conclusa saporem.

Aenigma XLVII

De castanea

Aspera, dum nascor, cute producor a matre
Et adulta crescens leni circumdor amictu.
Sonitum intacta magnum de ventre produco
Et corrupta tacens vocem non profero ullam.
Nullus in amore certo me diligit umquam,
Nudam nisi tangat vestemque tulerit omnem.

Rätsel 16

Wacholderbeere

Damit ich überlebe, zieht mich die Mutter unter gefährlichen Dornen groß;
um mich süß zu machen, hütet sie mich zwischen Stacheln.
Rund von Gestalt, spiegele ich vor, rötliches Harz zu sein,
doch schneidet man mich ein, gebe ich keinen Tropfen aus meinem Leib.
Obgleich mein honigsüßes Fleisch blutlos ist,
schmecken meine verschlossenen Eingeweide nach Essig.

Rätsel 47

Die Kastanie

Meine Mutter hat mich mit einer rauen Schale zur Welt gebracht,
doch bin ich erwachsen, umhüllt mich ein sanftes Gewand.
Unversehrt mache ich großen Lärm aus meinem Bauch,
verdorben aber schweige ich und bringe keinen Laut hervor.
Keiner liebt mich je von ganzem Herzen,
außer er entblößt mich aller Kleider und berührt mich nackt.

Aenigma XLVIII

[De nuce]

Quattuor has ego conclusa gero figuras,
Pandere quas paucis deposcit ratio verbis:
Humida sum sicca, subtili corpore crassa,
Dulcis et amara, duro gestamine mollis.
Dulcis esse nulli possum nec crescere iuste,
Nisi sub amaro duroque carcere nascar.

Aenigma XXVII

De papiro

Amnibus delector molli sub cispite cretus
Et producta levi natus columna viresco.
Vestibus sub meis non queo cernere solem,
Aliena tectus possum producere lumen.
Filius profundi dum fior lucis amicus,
Sic quae vitam dedit mater, et lumina tollit.

Rätsel 48

Die Walnuss

Verschlossen, habe ich diese vier Erscheinungsformen,
die man vernünftig in wenigen Worten so erklärt:
Feucht bin ich trocken, dick mit dünnem Leib,
süß und bitter, weich mit harter Schale.
Für niemand kann ich süß sein noch gehörig wachsen,
werde ich nicht in einem bitter-harten Kerker geboren.

Rätsel 27

Der Papyrus

Im weichen Boden entstanden, gefällt es mir an Flüssen,
und einmal geboren, grüne ich am glatten emporgewachsenen Stängel.
Unter meiner eigenen Kleidung kann ich die Sonne nicht sehen,
doch bedeckt mit fremder, vermag ich Licht zu erzeugen.
Während ich als Sohn der Tiefe zum Freund des Lichts werde,
nimmt die Mutter, so wie sie mir das Leben gab, das Licht wieder weg.

Aenigma XII

De grano

Mortem ego pater libens adsumo pro natis
Et tormenta simul, cara ne pignora tristent.
Mortuum me cuncti gaudent habere parentem
Et sepultum nullus parvo vel funere plangit.
Vili subterrena pusillus tumulor urna,
Sed maiori possum post mortem surgere forma.

Aenigma XIII

De vite

Uno fixa loco longinquis porrego victum.
Caput mihi ferrum secat et brachia truncat.
Lacrimis infecta plura per vincula nector,
Simili damnandos nece dum genero natos.
Sed defuncti solent ulcisci liberi matrem,
Sanguine dum fuso lapsis vestigia versant.

Rätsel 12

Das Saatkorn

Als Vater nehme ich für meine Kinder willig den Tod auf mich
und zugleich Folterqualen, damit die lieben Kleinen nicht traurig sind.
Bin ich tot, freuen sich alle, mich zum Vater zu haben,
und bin ich begraben, trauert selbst an der schlichten Beerdigung niemand.
Als Winzling bestattet man mich in einer wertlosen Urne,
doch nach dem Tod kann ich in größerer Gestalt auferstehen.

Rätsel 13

Die Weinrebe

Fest an einem Ort, reiche ich Entfernten Nahrung.
Ein Schwert schneidet mir den Kopf ab und stutzt meine Arme.
In Tränen werde ich durch zahlreiche Bande gefesselt,
während ich Kinder zeuge, die zu einem ähnlichen Tod verdammt sind.
Doch die toten Nachkommen pflegen die Mutter zu rächen,
indem sie mit ihrem vergossenen Blut den Strauchelnden die Schritte verdrehen.

Aenigma L

De vino

Innumeris ego nascor de matribus unus,
Genitusque nullum vivum relinquo parentem.
Multa me nascente subportant vulnera matres,
Quarum mihi mors est potestas data per omnes.
Laedere non possum, me si quis oderit, umquam
Et iniqua reddo me quoque satis amanti.

Aenigma LXIII

De vino

Pulchrior me nullus versatur in poculis umquam,
Ast ego primatum in omnibus teneo solus,
Viribus atque meis possum decipere multos;
Leges atque iura per me virtutes amittunt.
Vario me si quis haurire voluerit usu,
Stupebit ingenti mea percussus virtute.

Rätsel 50

Der Wein

Von zahllosen Müttern bin ich allein geboren,
und werde ich gezeugt, lasse ich meine Eltern leblos zurück.
Bei meiner Geburt ertragen meine Mütter viele Wunden,
und ihr Tod verleiht mir Macht über alle.
Niemandem kann ich je wehtun, wenn man mich hasst,
doch bereite ich Unbill dem, der mich allzu sehr liebt.

Rätsel 63

Der Wein

Herrlicher als ich bewegt sich keiner je in Bechern,
und ich allein behaupte den Vorrang in ihnen allen.
Mit meinen Kräften kann ich manche täuschen;
Gesetz und Recht verlieren durch mich ihre Stärken.
Wollte mich einer durch häufigen Genuss erschöpfen,
so wird er staunen, erschüttert von meiner gewaltigen Stärke.

AUS DEM GARTEN

Rätsel Nr. 26, 33, 34, 35, 36, 37, 39, 51, 52

Die vier Rätselgedichte vom Märzveilchen (Nr. 33), der sommerlichen Rose und Lilie (Nr. 34 und 35) und dem herbstlichen Safran-Krokus (Nr. 36) eröffnen in den Handschriften einen kleinen Blumengarten, der den Verlauf der Jahreszeiten nachzeichnet und zu dem in der Sammlung auch die Gewürz- und Arzneipflanzen Pfeffer (Nr. 37), Senf (Nr. 26), Efeu (Nr. 39) und Knoblauch (Nr. 51) sowie eine weitere Rose (Nr. 52) gehören. Zwei davon, die Rose und das Veilchen, finden sich bereits bei Symphosius, der Pfeffer auch unter den Versrätseln Aldhelms. In den südlichen Raum rund um das Mittelmeer und dessen Küche verweisen insbesondere der Safran und der Senf, aber genauso die Rose, die Weiße Lilie und das Veilchen, die schon der ältere Plinius in seiner *Naturkunde* nacheinander beschreibt (*nat.* 21, 14–27; ebenso Isidor, *etym.* 17, 9, 17–19).

Die Rätsel drehen sich meist um die Herkunft, das Wachstum und die Gestalt der Pflanzen oder sie erwähnen deren Blütezeit und Nutzen. Verwendet sind wiederum die Metaphern der Geburt, Elternschaft und Familie, sodass sich in den Zeilen immer wieder unser eigenes Werden und Vergehen spiegelt.

Aenigma XXXIII

De viola

Parvula dum nascor, minor effecta senesco
Et cunctas praecedo maiori veste sorores.
Extremos ad brumae me primo confero menses
Et amoena cunctis verni iam tempora monstro.
Me reddet inlustrem parvo de corpore sumptus,
Et viam quaerendi docet, qui nulli videtur.

Aenigma XXXIV

De rosa

Pulchra in angusto me mater concepit alvo
Et hirsuta barbis quinque conplectitur ulnis.
Quae licet parentum parvo sim genere sumpta,
Honor quoque mihi concessus fertur ubique.
Utero cum nascor, matri rependo decorem
Et parturienti nullum infligo dolorem.

Rätsel 33

Das Veilchen

Klein bin ich bei der Geburt, kleiner noch werde ich im Alter,
doch mit besserer Kleidung gehe ich allen Schwestern voraus.
In den späten Wintermonaten zeige ich mich zuerst
und verkünde allen schon die liebliche Frühlingszeit.
Trotz kleinem Körper macht mich die Fülle berühmt,
und was niemand sieht, weist dem Suchenden den Weg.

Rätsel 34

Die Rose

Die schöne Mutter hat mich im schmalen Schoß empfangen,
und stachelig-bärtig umschlingt sie mich mit fünf Armen.
Mag ich auch aus dem geringen Geschlecht meiner Eltern stammen,
erweist man mir doch allenthalben Ehre.
Aus ihrem Leib geboren, vergelte ich es der Mutter mit Anmut
und bereite der Gebärenden keine Schmerzen.

Aenigma LII

De rosa

Mollis ego duros de corde genero natos;
In conceptu numquam amplexu viri delector.
Sed dum infra meis concrescunt filii latebris,
Meum quisque nascens disrumpit vulnere corpus.
Postquam decorato velantes tegmine matrem
Saepe delicati frangunt certamine fortes.

Aenigma XXXV

De lilio

Nos pater occultus commendat patulae matri,
Et mater honesta confixos porregit hasta.
Vivere nec umquam valemus tempore longo,
Et leviter tactos incurvat aegra senectus.
Oscula si nobis causa figantur amoris,
Reddimus candentes signa flaventia labris.

Rätsel 52

Die Rose

Zart bin ich und zeuge harte Kinder aus meinem Inneren;
bei der Empfängnis genieße ich nie die Umarmung eines Mannes.
Doch solange tief in mir verborgen Söhne erwachsen,
reißt jeder bei der Geburt eine Wunde in meinen Körper.
Hüllen sie später die Mutter in eine schmucke Decke,
verletzten die Schwachen oft die Starken mit einem Hieb.

Rätsel 35

Die Lilie

Ein verborgener Vater vertraut uns der offenen Mutter an,
und die ehrenhafte Mutter lässt uns an einem Stängel emporwachsen.
Doch eine lange Lebenszeit ist uns nicht vergönnt,
und kaum berührt, krümmen wir uns, krank und alt.
Küsse, die man uns aus Liebe schenkt,
erwidern wir, leuchtend weiß, mit gelben Spuren auf den Lippen.

Aenigma XXXVI

De croco

Parvulus aestivas latens abscondor in umbras
Et sepulto mihi membra sub tellore vivunt.
Frigidas autumni libens adsuesco pruinas
Et bruma propinqua miros sic profero flores.
Pulchra mihi domus manet, sed pulchrior infra.
Modicus in forma clausus aromata vinco.

Aenigma XXXVII

De pipere

Pereger externas vinctus perambulo terras
Frigidus et tactu praesto sumenti calorem.
Nulla mihi virtus, sospes si mansero semper,
Vigeo nam caesus, confractus valeo multum.
Mordeo mordentem morsu nec vulnero dente.
Lapis mihi finis, simul defectio lignum.

Rätsel 36

Der Safran

Klein bin ich, verborgen im sommerlichen Schatten,
und bin ich begraben, so leben meine Glieder unter der Erde.
An den kalten Frost im Herbst gewöhne ich mich gerne,
und ist der Winter nah, so treibe ich prachtvolle Blüten.
Schön ist mein Haus, doch schöner noch bin ich im Innern.
Bescheiden und verschlossen in meiner Gestalt, übertreffe ich alle Gewürze.

Rätsel 37

Der Pfeffer

Als Fremdling durchwandere ich gefesselt ferne Länder,
und kalt anzufühlen, wärme ich den, der mich verzehrt.
Bleibe ich stets unversehrt, habe ich keine Kraft,
denn ich bin stark, wenn man mich haut, und zerbrochen vermag ich vieles.
Wer mich beißt, den beiße ich mit einem Biss, doch verletze ich nicht mit Zähnen.
Stein bedeutet mein Ende und Holz meinen Untergang.

Aenigma XXVI

De sinapi

Me si visu quaeras, multo sum parvulo parvus,
Sed nemo maiorum mentis astutia vincit.
Cum feror sublimi parentis humero vectus,
Simplicem ignari me putant esse natura.
Verbere correptus saepe si giro fatigor,
Protinus occultum produco corde saporem.

Aenigma LI

De alio

Multiplici veste natus de matre producor
Nec habere corpus possum, si vestem amitto.
Meos, unde nascor, in ventre fero parentes,
Vivo nam sepultus, vitam et inde resumo.
Superis eductus nec umquam crescere possum,
Dum natura caput facit succedere plantis.

Rätsel 26

Das Senfkorn

Winzig klein bin ich, wenn du mich sehen willst,
doch niemand Größerer übertrifft die Schärfe meines Charakters.
Wenn ich auf der hohen Schulter der Mutter getragen werde,
wähnen die Unwissenden, ich sei von Natur aus nichts Besonderes.
Werde ich aber gepackt und im Kreis mit Schlägen oft zermürbt,
erzeuge ich sogleich aus dem Innersten verborgene Würze.

Rätsel 51

Der Knoblauch

Mit einem mehrschichtigen Kleid bringt mich meine Mutter zur Welt,
doch kann ich keinen Körper haben, wenn ich das Kleid verliere.
Die Eltern, von denen ich stamme, trage ich in meinem Bauch,
denn ich lebe begraben und komme von dort zum Leben zurück.
Einmal geboren, kann ich niemals in die Höhe wachsen,
solange die Natur mir den Kopf unter die Füße setzt.

Aenigma XXXIX

De hedera

Arbor mihi pater, nam et lapidea mater;
Corpore nam mollis duros disrumpo parentes.
Aestas me nec ulla, ulla nec frigora vincunt,
Bruma color unus vernoque simul et aesto.
Propriis erecta vetor consistere plantis,
Manibus sed alta peto cacumina tortis.

Rätsel 39

Der Efeu

Ein Baum ist mein Vater, doch aus Stein meine Mutter;
trotz meines weichen Körpers zersprenge ich meine harten Eltern.
Weder die Sommerhitze noch die Kälte bezwingen mich,
und im Winter, Frühling und Sommer bin ich gleichfarbig.
Aufrecht kann ich nicht auf eigenen Füßen stehen,
aber mit verdrehten Händen suche ich die höchsten Höhen.

TIERE

Rätsel 7, 8, 19, 20, 21, 22, 28, 30, 32, 43, 44

In allen Sprachen und Kulturen sind Tiere seit jeher ein beliebtes Rätselthema. Unter Symphosius' 100 *Aenigmata* finden sich nicht weniger als 28 Stücke, die Tiere behandeln, einschließlich des bekannten Rätsels vom Fluss und Fisch, das abgewandelt und erweitert auch in der Berner Sammlung vorkommt (Nr. 30) und das im Mittelalter in mehreren Fassungen zirkulierte. Eine vielstimmige Schar großer und kleiner Lebewesen bevölkert genauso die anglolateinischen Rätselsammlungen des 7. und 8. Jahrhunderts, wo der einheimische Ochse und der Rabe neben dem Löwen, Tiger und Chamäleon stehen, um mit der Besonderheit ihrer Natur auf das Wunder der göttlichen Schöpfung zu verweisen.

Davon ist anders in der Berner Sammlung nichts zu lesen. Das Exotische und Symbolische fehlen hier ganz, und die dargestellten Tiere sind entweder Nahrungsspender und Nutztiere wie das Schaf, der Fisch, die Biene und die Seidenraupe, oder sie sind vertraut aus Haushalt und Handel wie der Schwamm und die Perlmuschel. Auch die Rätsel von der Tierblase und dem Ei verhandeln nichts Fremdes, sondern zeichnen das Bild eines vormodernen Lebens, in dem die Tier- und Menschenwelt sich zwar berühren und ineinandergreifen, die Tiere aber letztlich den Menschen dienen, um Nutzen und Gewinn zu bringen.

In den Handschriften sind die Tierrätsel mehr oder weniger verstreut. Die hier gewählte Ordnung führt von den Land- und Wassertieren zu den Vögeln und Insekten und folgt damit der Darstellung des älteren Plinius, in dessen enzyklopädischer *Naturkunde* sich manche der zoologischen Nachrichten finden, die in die Rätsel eingeflossen sind. So erzählen die Berner Sechszeiler kleine Tiergeschichten, in denen sich tradiertes Wissen und gelebte Anschauung zu naturkundlichen Miniaturen verdichten.

Aenigma XXII

De ove

Exigua mihi virtus, sed magna facultas;
Opes ego nulli quaero, sed confero cunctis.
Modicos oberrans cibos egena requiro
Et ieiuna saepe cogor exsolvere censum.
Nullus sine meo mortalis corpore constat
Pauperaque multum ipsos nam munero reges.

Aenigma VII

De vesica

Teneo liquentem, sequor membrana celatum,
Verbero nam cursu, visu quem cernere vetor.
Impletur invisis domus, sed vacua rebus
Permanet, dum civem nullo sub pondere gestat.
Quae dum clausa fertur, velox ad nubila surgit,
Patefacta nullum potest tenere manentem.

Rätsel 22

Das Schaf

Gering ist meine Kraft, doch groß mein Können;
ich erstrebe niemandes Reichtum, doch verschaffe ihn allen.
Mittellos ziehe ich umher und suche bescheidene Nahrung,
und oft bin ich gezwungen, nüchtern Tribut zu zahlen.
Ohne meinen Leib besteht kein Sterblicher,
und obgleich arm, beschenke ich selbst Könige reichlich.

Rätsel 7

Die Tierblase

Ich halte Flüssiges, füge mich dem von der Haut Verborgenen
und schlage im Lauf, was ich nicht sehen kann.
Das Haus wird erfüllt von Unsichtbarem, doch bleibt es leer
an Dingen, wenn es gewichtslos einen Bewohner trägt.
Bewegt es sich geschlossen, steigt es schnell zu den Wolken hinauf,
geöffnet aber, kann es keinen halten, der bleiben will.

Aenigma XXX

De pisce

Nullo firmo loco manens consistere possum
Et vagando vivens nolo conspicere quemquam.
Vita mihi mors est, mortem pro vita requiro
Et volventi domo semper amica delector.
Numquam ego lecto volo iacere tepenti,
Sed vitale mihi torum sub frigora condo.

Aenigma XLIV

De margarita

Conspicuum corpus arte mirifica sumpsi;
Multis cava modis gemmarum ordine nector.
Publicis concepta locis in abdita nascor.
Vacua do lucem, referta confero lucrum.
Nullum mihi frigus valet nec bruma vilescit,
Sed calore semper molli sopita fatigor.

Rätsel 30

Der Fisch

An keinem festen Ort kann ich verweilen,
und auf Wanderschaft lebend, will ich niemanden sehen.
Leben ist Tod für mich, den Tod suche ich anstelle des Lebens,
und stets gefällt es mir in meinem vertrauten rollenden Haus.
Nie will ich in einem warmen Bett liegen,
sondern ich errichte mein Lebenslager in der Kälte.

Rätsel 44

Die Perle

Auf wunderbare Weise habe ich einen prächtigen Körper erhalten;
zwar hohl, zählt man mich vielfach zur Gattung der Edelsteine.
Empfangen in aller Öffentlichkeit, komme ich im Verborgenen zur Welt.
Leer glänze ich, voll verschaffe ich Reichtum.
Kälte kann mir nichts anhaben, noch schadet mir der Winter,
doch eine milde Wärme ermattet mich stets und ich schlummere.

Aenigma XXXII

De spongia

Dissimilem sibi dat mihi mater figuram;
Caro nulla mihi, sed viscera cava latebris.
Sumere nihil possum, si non absorbuero matrem,
Et quae me concepit, hanc ego genero postquam.
Manu capta levis, gravis sum manu dimissa,
Et quem sumpsi libens, mox cogor reddere sumptum.

Aenigma VIII

De ovo

Nati mater ego, natus ab utero mecum;
Prior illo non sum, semper qui mihi coaevus.
Virgo nisi manens numquam concipere possum,
Sed intacta meam infra concipio prolem.
Post si mihi venter disruptus ictu patescat,
Moriens viventem sic possum fundere foetum.

Rätsel 32

Der Schwamm

Meine Mutter gibt mir eine Gestalt, die ihr unähnlich ist;
Fleisch habe ich keines, doch hohle Eingeweide voller Löcher.
Aufnehmen kann ich nichts, es sei denn, ich verschlinge meine Mutter,
und sie, die mich empfing, gebäre ich danach selbst.
Leicht bin ich, fasst man mich mit der Hand, schwer aber, lässt man mich los,
und was ich willig aufgenommen habe, muss ich alsbald zurückgeben

Rätsel 8

Das Ei

Ich bin die Mutter eines Sohnes, geboren aus einem Leib mit mir;
älter als er bin ich nicht; er ist stets gleich alt wie ich.
Bleibe ich nicht Jungfrau, so kann ich nie empfangen,
doch unversehrt empfange ich im Inneren meinen Nachwuchs.
Wenn nachher, aufgebrochen vom Stoß, mein Bauch sich öffnet,
kann ich so sterbend den lebenden Sprössling gebären.

Aenigma XXI

De ape

Masculus qui non sum sed neque femina, coniux
Filios ignoto patri parturio multos.
Uberibus prolem nullis enutrio tantum;
Quos ab ore cretos nullo de ventre sumpsi.
Nomen quibus unum natisque conpar imago,
Meos inter cibos dulci conplector amore.

Aenigma XX

De melle

Lucida de domo lapsus diffundor ubique,
Et quali dimissus modo, non invenit ullus.
Bisque natus inde semel in utero cretus,
Qualis in conceptu, talis in partu renascor.
Milia me quaerunt, ales sed invenit una
Aureamque mihi domum depingit ab ore.

Rätsel 21

Die Biene

Weder männlich noch weiblich, gebäre ich als Gattin
dem unbekannten Vater viele Söhne.
Ohne Brüste ernähre ich so den Nachwuchs;
die aus keinem Mutterleib Entstandenen habe ich mit dem Mund
aufgenommen.
Ein und denselben Namen haben die Jungen und gleich ist ihr
Aussehen;
die Meinen umhege ich inmitten der Nahrung mit süßer Liebe.

Rätsel 20

Der Honig

Aus einem leuchtenden Haus gefallen, werde ich überall zerstreut,
und niemand findet heraus, wie ich geflossen bin.
Zweimal geboren, seither einmal in einem Leib entstanden,
werde ich gleich wie bei der Empfängnis bei der Geburt
wiedergeboren.
Tausende suchen mich, doch einzig ein geflügeltes Wesen findet mich
und malt mir mit dem Mund ein goldenes Haus.

Aenigma XIX

De cera

Dissimilem sibi me mater concipit infra
Et nullo virili creta de semine fundor.
Dum nascor sponte, gladio divellor a ventre;
Caesa vivit mater, ego nam flammis aduror.
Nullum clara manens possum concedere quaestum;
Plurem fero lucrum, nigro si corpore mutor.

Aenigma XLIII

De vermicolis siricis formatis

Innumeros concepta mitto de nido volatus
Corpus et inmensum parvis adsumo de membris.
Mollibus de plumis vestem contexo nitentem
Et textoris sonum aure nec concipit ullus.
Si quis forte meo videtur vellere tectus,
Protinus excussam vestem reicere temptat.

Rätsel 19

Das Bienenwachs

Meine Mutter empfängt mich im Inneren, unähnlich wie ich bin,
doch aus keinem männlichen Samen entstanden, werde ich geboren.
Obgleich selbst gezeugt, reißt man mich mit dem Messer aus dem
Bauch;
geschnitten überlebt die Mutter, ich aber verbrenne in Flammen.
Solange ich hell bleibe, kann ich keinen Gewinn bescheren;
mehr Vorteil bringe ich, wenn mein Körper schwarz wird.

Rätsel 13

Die Seidenspinner

Schwanger sende ich aus meinem Nest zahllose fliegende Geschöpfe,
und aus meinen kleinen Gliedern wird ein immenser Körper.
Aus weichem Flaum webe ich ein glänzendes Kleid,
doch niemand hört mit dem Ohr das Geräusch des Webers.
Wenn etwa einer meint, er sei mit meinem Vlies geschützt,
will er das abgeschüttelte Kleid sogleich wieder ablegen.

Aenigma XXVIII

De sirico

Arbor una, mihi vilem quae conferet escam,
Qua repleta parva vellera magna produco.
Exiguos conlapsa foetos pro munere fundo
Et ales effecta mortem adsumo libenter.
Nobili perfectam forma me caesares ulnis
Efferunt et reges infra supraque mirantur.

Rätsel 28

Die Seide

Ein einziger Baum bietet mir wohlfeile Nahrung;
gesättigt mit wenig davon, erschaffe ich große Vliese.
Breche ich zusammen, gebäre ich kleine Kinder als Geschenk,
und mit Flügeln versehen, sterbe ich bereitwillig.
Vollendet in edler Form, tragen mich Kaiser auf ihren Armen,
und von allen Seiten bestaunen mich Könige.

DIE ELEMENTE

Rätsel Nr. 3, 23, 38, 41, 42, 45, 49, 61

Die naturphilosophische Idee von den vier Elementen – Feuer, Luft, Wasser und Erde – als Urstoffe aller natürlichen Dinge wurde seit der griechisch-römischen Antike immer wieder behandelt und wirkte prägend weit über das Mittelalter hinaus. Mit Aristoteles ordnete man den Elementen jeweils zwei sich überlagernde Qualitäten zu: trocken-warm dem Feuer, feucht-warm der Luft, feucht-kalt dem Wasser und trocken-kalt der Erde (so noch Isidor, *de nat. rer.* 11, 2–3, nach Ambrosius, *exam.* 3, 4, 18). Dazu passen die Details in den Berner Rätseln von der Erde (Nr. 45) und vom Schatten (Nr. 61), wenn es heißt, das Erdreich sei nicht durstig und gleiche einem kalten Leib, und wenn die Luft, in der sich Schatten bilden, mit einem feuchten Ort verglichen wird.

Insgesamt allerdings folgen die in den Handschriften verstreuten und hier als kleine Gruppe zusammengezogenen Rätsel keiner bestimmten Elementenlehre. Zu den Stücken über die »oberen« Elemente Feuer (Nr. 23) und Luft (Nr. 41 und 61) kommen solche über die »unteren« Elemente Wasser (Nr. 38, 42 und 49) und Erde (Nr. 45), einschließlich des Salzes (Nr. 3), das man traditionell zu den Steinen und Mineralien zählte. Die Mehrzahl der Rätseldinge berichten von sich mittels der für die Berner Sammlung typischen Bilder der Zeugung, Geburt und Kindschaft und erwähnen entweder ihren »Vater« oder ihre »Mutter« oder beides. Nebst der Entstehung und Verwandlung rückt jeweils das Verhältnis zwischen Natur und Mensch in den Vordergrund, wobei die verrätselten Erscheinungen zwar personifiziert sind und sprechen, ihre verborgenen Kräfte aber die unsrigen übersteigen und uns staunen lassen ob dem immerwährenden Wirken der Elemente.

Aenigma XXIII

De igne

Durus mihi pater, dura me generat mater,
Verbere nam multo huius de viscere fundor.
Modica prolatus feror a ventre figura,
Sed adulto mihi datur inmensa potestas.
Durum ego patrem duramque mollio matrem,
Et quae vitam cunctis, haec mihi funera praestat.

Aenigma XLI

De vento

Velox curro nascens grandi virtute sonorus;
Deprimo nam fortes, infirmos adlevo sursum.
Os est mihi nullum, dente nec vulnero quemquam,
Mordeo sed cunctos silvis campisque morantes.
Cernere me quisquam nequit aut nectere vinclis;
Macedo nec Liber vicit nec Hercules umquam.

Rätsel 23

Das Feuer

Hart ist mein Vater, hart die Mutter, die mich zeugt;
nach manchem Schlag werde ich aus ihrem Innern geboren.
Gering ist meine Gestalt, trägt man mich aus dem Mutterleib,
doch bin ich erwachsen, besitze ich immense Kraft.
Den harten Vater und die harte Mutter erweiche ich,
doch was allen Leben spendet, bringt mir den Tod.

Rätsel 41

Der Wind

Schnell laufe ich und rausche mit großer Kraft, wenn ich entstehe;
Starke werfe ich nieder, Schwache hebe ich in die Höhe.
Ich habe keinen Mund und verletze auch niemand mit Zähnen,
doch beiße ich alle, die in Wäldern und Feldern verweilen.
Niemand vermag mich zu sehen oder in Fesseln zu schlagen;
weder Alexander noch Liber noch Herakles hat mich je bezwungen.

Aenigma LXI

De umbra

Humidis delector semper consistere locis
Et sine radice inmensos porrego ramos.
Mecum iter agens nulla sub arte tenebit,
Comitem sed viae ego conprendere possum.
Certum me videnti demonstro corpus a longe,
Positus et iuxta totam me nunquam videbit.

Aenigma XLIX

De pluvia

Mirantibus cunctis nascens infligo querelas;
Efficior statim maior a patre qui nascor.
Me gaudere nullus potest, si terrae coaequor;
Superas me cuncti laetantur carpere vias.
Inprobus amara diffundo pocula totis,
Et videre quanti volunt tantique refutant.

Rätsel 61

Der Schatten

Mir gefällt es, stets an feuchten Orten zu stehen,
und ohne eine Wurzel strecke ich meine immensen Äste aus.
Wer mit mir unterwegs ist, wird mich unmöglich aufhalten,
ich aber kann den Weggefährten einfangen.
Sieht man mich von weitem, zeige ich meine deutliche Gestalt,
doch steht man dicht daneben, wird man mich nie ganz sehen.

Rätsel 49

Der Regen

Sobald ich entstehe, klagen alle, die ob mir staunen,
und kaum geboren, überrage ich schon meinen Vater.
Niemand kann sich freuen, wenn ich die Erde erreiche,
ja alle sind froh, schlage ich Höhenwege ein.
Maßlos gieße ich bittere Kelche über alle aus,
und so viele mich sehen wollen, so viele verschmähen mich auch.

Aenigma XXXVIII

De glacie

Corpore formata pleno de parvulo patre,
Nec a matre feror, nisi feratur et ipsa.
Nasci vetor ego, si non genuero patrem,
Et creatam rursus ego concipio matrem.
Hieme conceptos pendens meos servo parentes,
Et aestivo rursus ignibus trado coquendos.

Aenigma XLII

De glacie

Arte me nec ulla valet duriscere quisquam;
Efficior dura, multasque facio molles.
Cuncti me solutam cara per oscula gaudent
Et nemo constricta manu vel tangere cupit.
Speciem mi pulchram dat ubique rigidus auctor,
Qui eius ab ira iubet turpiscere pulchros.

Rätsel 38

Das Eis

Ein noch junger Vater formt mich mit vollem Körper,
doch die Mutter erzeugt mich nicht, wird sie nicht selbst erzeugt.
Ich kann nicht zur Welt kommen, ohne dass ich den Vater gebäre,
und die erschaffene Mutter empfange ich von neuem.
Während ich im Winter ruhe, erhalte ich meine empfangenen Eltern unversehrt,
und im Sommer gebe ich sie wieder zurück, auf dass man sie auf dem Feuer koche.

Rätsel 42

Das Eis

Niemand kann mich künstlich erhärten;
hart werde ich erschaffen und mache viele weich.
Bin ich aufgelöst, freuen sich alle ob der lieben Küsse,
doch bin ich verfestigt, will niemand mich mit der Hand berühren.
Ein hübsches Aussehen gibt mir überall der strenge Vater,
der aus Zorn befiehlt, dass die Schönen verderben.

Aenigma XLV

De terra

Os est mihi patens crebroque tunditur ictu;
Reddo libens omnes escas, quas sumpsero lambens.
Nulla mihi fames sitimque sentio nullam,
Et ieiuna mihi semper praecordia restant.
Omnibus ad escam miros efficio sapores
Gelidumque mihi durat per secula corpus.

Aenigma III

De sale

Me pater ignitus, ut nascar, creat urendo
Et pia defectu me mater donat ubique.
Is, qui dura solvit, hic me constringere cogit;
Nullus me solutam, ligatam cuncti requirunt.
Opem fero vivis opemque reddo defunctis.
Patria me sine mundi nec ulla valebit.

Rätsel 45

Die Erde

Mein Mund steht offen und bekommt ständig Hiebe;
allen gebe ich willig die Nahrung zurück, die ich leckend verzehre.
Hunger habe ich keinen und Durst verspüre ich nicht,
und so bleibt mein Magen stets nüchtern.
Für alle verleihe ich der Nahrung wunderbaren Geschmack,
und mein kalter Leib überdauert die Zeiten.

Rätsel 3

Das Salz

Brennend erzeugt mich der feurige Vater, damit ich entstehe,
und allseits verteilt mich die liebevolle Mutter im Verdunsten.
Er, der Hartes löst, macht, dass ich mich verfestige;
niemand braucht mich aufgelöst, gebunden aber alle.
Stärke bringe ich den Lebenden, und Stärke gebe ich den Toten zurück.
Kein Land der Erde kann ohne mich gedeihen.

HIMMLISCHES

Rätsel Nr. 55, 57, 58, 59, 60, 62

Die Rätsel von der Sonne (Nr. 55 und 57), dem Mond (Nr. 58 und 59), dem Himmel (Nr. 60) und den Sternen (Nr. 62) überliefern die Handschriften in der hier übernommenen Reihenfolge als kleine kosmologische Gruppe, die die Sammlung abrundet. Die Darstellung der darin verrätselten Phänomene entspricht dem geozentrischen (ptolemäischen) Weltbild der Antike und des Mittelalters, wonach die kugelförmige Erde in der Mitte des Universums ruht und umgeben ist von den konzentrischen Sphären der sieben rotierenden Planeten (Mond, Merkur, Venus, Sonne, Mars, Jupiter, Saturn) und der äußersten Sphäre der unbewegten Fixsterne, die die sichtbare Welt umschließt. Anders als beim heliozentrischen Modell, das sich erst in der Neuzeit durchsetzte, stellte man sich vor, dass alle Planeten, einschließlich der Sonne, die stabile Erde umkreisen, während das entfernte Sternenfirmament sich täglich in entgegengesetzter Richtung um die Erde dreht und dabei sämtliche Himmelskörper von Ost nach West mitbewegt.

Die Berner Rätsel sind ganz von dieser traditionellen Anschauung geprägt, und das gelehrte Interesse, das die Gruppe bezeugt, ist auffällig. Sonnen-, Mond- und Sternenrätsel mit verwandter Bildlichkeit finden sich zwar auch in den frühen englischen Sammlungen, doch anders verbinden Aldhelm und seine Nachfolger die Kosmologie mit der christlichen Schöpfungslehre und Lichtsymbolik.

Aenigma LV

De sole

Semine nec ullo patris creatus renascor,
Ubera nec matris suxi, quo crescere possem.
Uberibus ego meis reficio multos.
Vestigia nulla figens perambulo terras.
Anima nec caro mihi nec cetera membra,
Aligeras tamen reddo temporibus umbras.

Aenigma LVII

De sole

Prohibeor solus noctis videre tenebras
Et absconse ducor longa per avia fugiens.
Nulla mihi velox avis inventa volatu,
Cum videar nullas gestare corpore pennas.
Vix auferre praedam me coram latro valebit,
Publica per diem dum semper competa curro.

Rätsel 55

Die Sonne

Ohne väterlichen Samen gezeugt, werde ich wiedergeboren,
auch habe ich an keiner Mutterbrust getrunken, um wachsen zu können.
Mit meiner Fruchtbarkeit aber erquicke ich viele.
Keine Spuren hinterlassend, durchwandere ich Länder.
Weder eine Seele noch Fleisch noch sonst Glieder habe ich,
und dennoch verleihe ich den Zeiten geflügelte Schatten.

Rätsel 57

Die Sonne

Mir allein ist es verwehrt, die Finsternis der Nacht zu sehen,
und verborgen fliehe ich durch entlegene Einöden.
Kein Vogel ist im Flug so schnell wie ich,
obwohl ich am Körper ja gar keine Federn trage.
In meiner Gegenwart kann kaum ein Räuber seine Beute fortschaffen,
solange ich tagsüber die öffentlichen Plätze durchlaufe.

Aenigma LVIII

De luna

Assiduo multas vias itinere currens
Corpore defecta velox conprendo senectam.
Versa vice rursum conpellor ire deorsum
Et ab ima redux trahor conscendere sursum.
Sed cum mei parvum cursus conplevero tempus,
Infantia pars est simul et curva senectus.

Aenigma LIX

De luna

Quo movear gressum, nullus cognoscere temptat,
Cernere nec vultus per diem signa valebit.
Cottidie currens vias perambulo multas
Et bis iterato cunctas recurro per annum.
Imber, nix, pruina, glacies nec fulgora nocent,
Timeo nec ventum forti testudine tecta.

Rätsel 58

Der Mond

Auf ständiger Reise durchlaufe ich viele Wege
und erreiche, körperlich schwach, rasch das Alter.
Umgekehrt bin ich wieder gezwungen, abwärtszugehen,
und zurück aus der Tiefe, werde ich in die Höhe gezogen.
Habe ich aber die kurze Dauer meines Laufs erfüllt,
so ist meine Kindheit zugleich Teil meines krummen Alters.

Rätsel 59

Der Mond

Wohin mein Gang mich führt, versucht niemand zu erkennen,
noch kann man tagsüber mein Gesicht genau sehen.
Täglich laufe ich und durchwandere viele Wege,
und doppelt gehe ich sie alle übers Jahr wieder zurück.
Regen, Schnee, Frost, Eis und Blitz schaden mir nicht,
noch fürchte ich, geschützt unterm starken Gewölbe, den Wind.

Aenigma LX

De caelo

Promiscuo per diem vultu dum reddor amictus,
Pulchrum saepe reddo, turpis qui semper habetur.
Innumeras ego res cunctis fero mirandas,
Pondere sub magno rerum nec gravor onustus.
Nullus mihi dorsum, faciem sed cuncti mirantur,
Et meo cum bonis malos recipio tecto.

Aenigma LXII

De stellis

Milia conclusae domo sub una sorores,
Minima non crescit, maior nec aevo senescit,
Et cum nulla parem conetur adloqui verbis,
Suos moderato servant in ordine cursus.
Pulchrior turpentem vultu non dispicit ulla,
Odiuntque lucem, noctis secreta mirantur.

Rätsel 60

Der Himmel

Während ich, bekleidet, tagsüber allenthalben mein Gesicht zeige,
mache ich oft schön, was von jeher als hässlich gilt.
Zahllose wunderbare Dinge beschere ich allen,
und beladen mit Dingen, leide ich nicht unter der großen Last.
Einen Rücken habe ich nicht, aber alle bestaunen mein Aussehen,
und unter meinem Dach nehme ich Gute und Böse auf.

Rätsel 62

Die Sterne

Eingeschlossen in einem einzigen Haus sind tausend Schwestern;
weder wächst die kleinste, noch wird die größte jemals alt,
und obgleich keine versucht, mit der anderen zu sprechen,
ziehen sie ihre Bahnen in geregelter Ordnung.
Keine mit schönerem Gesicht verachtet die Hässliche,
das Licht aber hassen sie und bestaunen die Geheimnisse der Nacht.

VERZEICHNIS DER ABWEICHENDEN LESARTEN

Die folgende Liste verzeichnet die gegenüber der kritischen Ausgabe von Strecker (1914) abweichenden Lesarten unter Verwendung von dessen Siglen. Nicht berücksichtigt ist die Interpunktion. Die Änderungen beruhen mehrheitlich auf den sechs ältesten Textzeugen: Bern, Burgerbibliothek, Cod. 611 (B); Berlin, Staatsbibliothek, Ms. Phillipps 1825 (C); Leipzig, Universitätsbibliothek, Rep. I 74 (L); Paris, Bibliothèque nationale de France, latin 5596 (P_1) und latin 8071 (P_2) sowie der bei Strecker nicht kollationierten Handschrift Città del Vaticano, Biblioteca Apostolica Vaticana, Reg. lat. 1553 (hier: V).

Rätsel	Strecker	diese Ausgabe
2, 3	*mei*	*mihi* V, L
2, 5	*Nolo me contingat*	*Nullum me continget* B
2, 6	*Sum*	*Dum* B, C, V, L, P_1, P_2
6, 1	*solam*	*sola* V, P_1, P_2
9, 2	*senecta*	*senectam* B, C, V, L
9, 6	*comprendere*	*conprendere*
10, 3	*lateri*	*latere* C, L
17, 4	*Quassa mitto*	*Quas amitto* B, C, V, L, P_1, P_2
19	*De pice*	*De cera* C
21	*De apibus*	*De ape* [vgl. *apis* V]
21, 4	*nulla de venere*	*nullo de ventre* B, V, L
30	*De piscibus*	*De pisce* L
30, 1	*firma*	*firmo* C, V, L
32, 3	*nil*	*nihil* B, C, V, L
33, 3	*prima*	*primo* C, V, L
34, 1	*Pulchram*	*Pulchra* B, C, L
34, 1	*concipit*	*concepit* B, C, V
35, 3	*unquam*	*umquam* B, C, V, L
37, 3	*dentum*	*dente* V
38, 4	*creata*	*creatam* L
42, 2	*multos quae*	*multasque* C
42, 4	*constrictam*	*constricta* C

42, 5	*turpi*	*ubique* C
43, 2	*immensum*	*inmensum* V, L
43, 4	*texturae*	*textoris* [vgl. *toxtoris* C]
44, 3	*abdito*	*abdita* L
48	[kein Titel]	*De nuce*
50, 2	*Genitus qui*	*Genitusque* V, L
50A	[kein Titel]	*De membrana*
51	[kein Titel]	*De alio* [vgl. *alium* V]
52, 3	*fili*	*filii* L
52, 6	*acumine*	*certamine* [vgl. *certamina* C]
53	[kein Titel]	*De pistillo*
54	[kein Titel]	*De follibus*
54, 6	*iacentes plurima*	*iacentes sed plurima*
55, 1	*creata*	*creatus*
58, 3	*rerum*	*rursum* B
58, 5	*complevero*	*conplevero* B, C
58, 6	*par*	*pars* B, L

KOMMENTAR

Hausrat

1 Das Rätsel vom **Kochtopf** (1: *De olla*) steht schon in den ältesten Handschriften am Anfang der Sammlung und enthält eine Reihe von Motiven und Stilmitteln, die für die Berner Rätsel insgesamt typisch sind. Wie in allen Stücken spricht hier das personifizierte Rätselding selbst (*Ego* ..., 1) und berichtet zunächst von seinem Ursprung im Gefüge eines verwirrenden Verwandtschafts- und Familienverhältnisses, wobei die einzelnen Akteure, einschließlich des Ichs, ihrem grammatischen Geschlecht nach unterschieden sind. Nach dem Hinweis auf die Entstehung des Topfs folgt im Mittelteil die Beschreibung seiner Verwandlung (3–4), während das abschließende Distichon sich auf dessen Funktion und Verwendung in der Gemeinschaft der Menschen bezieht (5–6). Viele Stücke der Sammlung folgen dieser Struktur und operieren mit denselben rhetorischen Figuren wie das Topf-Rätsel: Nebst der gattungstypischen Prosopopöie sind dies die Verwendung von Paradoxa (hier: der doppelte Vater, 1), Reihungen von Antithesen (Leben – Tod, 2; hart – weich, 3; kalt – warm, 4–5) und Anthropomorphismen (der kalte »Leib«, 5).

Der Topf ist im Lateinischen feminin (*olla*) und so spricht dieser hier von sich selbst als »Tochter« (*nata*, 1) zweier ungleicher Väter. Damit sind die Tonerde (*limus*, m.) und das Feuer (*ignis*, m.) gemeint, denn während erstere als Lehmboden gleichsam ewig Bestand hat, so ist die Lebensdauer des im Brennofen entfachten Feuers begrenzt (2). Das Zusammenspiel der Elemente ergänzt das Wasser (lat. *aqua*, f.) als »Mutter« (3) dieser eigentümlichen Familiengeschichte: Mit Wasser wird der harte Ton weich und »im Kreis« (4) – das heißt auf der Drehscheibe des Töpfers – formbar, sodass aus der zarten Tochter zuletzt ein Kochtopf wird, in dem sich warmes Essen zubereiten lässt.

Tönernes Kochgeschirr aus der Spätantike und dem Frühmittelalter hat sich mancherorts erhalten, einschließlich rundbauchiger Töpfe mit Henkeln, für die auch das lateinische Mittelalter den Begriff *olla* verwendete. Die seit dem frühen Altertum bekannte mechanische Töpferscheibe allerdings blieb im nachrömischen Westen zunächst vor allem im Mittelmeerraum in Gebrauch. Im langobardischen Italien, der vermutlichen Heimat der Berner Rätsel, gab es scheibengedrehte Keramikware sowohl aus eigenen als auch aus römischen Werkstätten, deren Produktion weiterlief.

2 Ein gebranntes Keramikgefäß ist genauso die **Öllampe** (Nr. 2: *De lucerna*), auch sie ein Kind ungleicher Eltern: Die »alte Mutter« (1) ist hier die Erde (lat. *terra*, f.), wo der Ton als »Keim« (1) und Rohstoff vorkommt. Aus diesem formt der Töpfer als Urheber und »Vater« (2) das irdene Objekt, das so ganz anders aussieht als er selbst. Die Augen der neugeborenen Tochter (*novellam*, 1) – die feminine Form bezieht sich auf das Genus der *lucerna* – nämlich sind blind und ihr Mund ist feurig, womit die Öffnungen einer typischen römischen Öllampe bezeichnet sind. In der Spätzeit hatten die ovalen schälchenartigen Behälter in ihrer konkaven Oberseite oft nicht nur eines, sondern zwei Einfülllöcher für das Öl (die »Augen«, 3) und eine hervortretende Schnauze für den Docht (der »offene Mund«, 4) – wie ein menschliches Gesicht.

Verwendung fanden die in der Spätantike massenhaft aus Gipsmodellen gebrannten Lampen primär im privaten Bereich, »zuhause im Dunkeln« (6), wie es am Schluss heißt. Als Brennstoff diente Olivenöl, das auch im Berner Olivenbaum-Rätsel (Nr. 14) »Licht in die Finsternis« bringt. Tonlampen blieben deshalb vor allem im Mittelmeerraum verbreitet, während sie nördlich der Alpen mit dem Ende der Römerherrschaft außer Gebrauch kamen und zunehmend durch Laternen und – im kirchlichen Bereich – hängende Glaslampen ersetzt wurden.

6 Das Handwerk der Glasherstellung übernahmen die frühmittelalterlichen Glasmacher von den Römern, die in ihren Werkstätten Rohglas aus dem Nahen Osten zu allerlei größeren und kleineren Gefäßen verarbeiteten, einschließlich geblasener Trinkgläser und -becher, die man dekorierte. In nachrömischer Zeit waren die Gläser weniger transparent und gröber; auch verwendete man zunehmend eingeschmolzene Scherben wie beim **Glasbecher** des Rätsels (Nr. 6: *De calice*). Dessen Entstehung wird als eine von Gegensätzen bestimmte Geschichte von Geburt, Tod und Auferstehung erzählt: Lichtdurchlässig, aber schmucklos (1–2), entsteht der Becher im Feuer des Glasofens, dessen Hitze ihn gleichzeitig zu schmelzen vermag (3). Rein ist sein Material (4) und – anders als bei Gefäßen aus Holz – unverwüstlich insofern, als es sich wiederverwerten lässt (5), wenn aus den Scherben des alten ein neuer Glasbecher wird, den wir mit unseren durstigen Lippen wie zum Kuss berühren (6).

Das abschließende Bild des küssenden Trinkgefäßes begegnet auch in den Versrätseln Aldhelms, in den karolingischen Lorscher Rätseln und in den altenglischen Rätselgedichten des Exeterbuchs aus dem 10. Jahrhundert. Aldhelm beschreibt ebenfalls einen gläsernen Trinkbecher (*Aenig.* 80: *Calix vitreus*) und nicht etwa einen Kelch, den liturgischen *calix* vieler mittellateinischer Texte.

29 Gläserne Spiegel mit hinterlegter Bleifolie kannte man im Westen zwar seit dem 1. Jahrhundert n. Chr., doch blieben sie selten und ihr Gebrauch setzte sich erst im Hochmittelalter langsam durch. Bis dahin stellte man kleinere Hand- und Taschenspiegel aus polierten Bronze- und Silberscheiben her, meist mit verzierten Griffen und Rücken. Bei Isidor von Sevilla († 636) gehört der Spiegel zur weiblichen Sphäre des Haushalts, wenn er in seinen *Etymologien* erklärt: »Der Spiegel (*speculum*) heißt so, entweder weil er vom Glanz (*splendor*) zurückstrahlt oder weil Frauen, wenn sie dort hineinschauen, das Aussehen (*species*) ihres Gesichts betrachten und hinzufügen, was ihnen an Verzierung zu fehlen scheint.« (19,31,18)

Vom Widerschein des Gesichts im **Spiegel** spricht auch das Berner Rätsel (Nr. 29: *De speculo*), das wiederum die Metaphern der Geburt und Mutterschaft verwendet. Das im Lateinischen sächliche Objekt erscheint personifiziert als »Mutter« (3), die allerdings anstatt lebendiger nur »leere« und »dürftige« Kinder erzeugt (4–5). Zwar trügt das Spiegelbild, jedoch sieht, wer sein Gesicht wie einen »Schatten« (1) vor den Spiegel hält, ein von der Wirklichkeit (*de vero*) zurückgeworfenes Abbild seiner selbst (5–6). In fünf verschiedenen, semantisch nahen Verben – *porrego* (2), *genero* (3), *diffundo* (4), *profero* (5), *dirigo* (6) – vollzieht das Rätsel sein Vexierspiel um Sein und Schein, das so ganz diesseitig und noch frei ist von der geistlichen Symbolik, die das christliche Mittelalter später in den Spiegel hineindenkt.

4 Nicht in den Händen der Privilegierten, sondern am Boden fristet der Schemel sein bescheidenes Dasein als geduldiger Diener an den Menschen. Was sich mit »Huf« (2), »Reiter« (3), »Stall« (4), »Zügel« (5) und »Sporen« (6) wie ein Pferd ausnimmt, ist in Wahrheit ein einfacher vierfüßiger **Schemel** (Nr. 4: *De scamno*), den das Rätsel in einer Reihe von Paradoxa umschreibt. Denn während der Pferdehuf sich bewegt, stehen die Füße des Schemels auf festem Grund, auch wenn dieser gelegentlich weich und feucht ist (1–2), und trägt man ihn herum, so braucht es dazu keinen Reiter (3). Anders als das Tier aber dient das Möbel im »Stall«, das heißt im Innern des Hauses (4), und bittet um Nachsicht: Ist er noch neu und frisch, so braucht der Schemel keine Verstärkung wie ein ungestümes Jungpferd die Zügel; und ist er schon lange in Gebrauch und langsam klapprig, so mag er nicht mit Füßen getreten werden wie ein alter Gaul, dem man die Sporen gibt (5–6).

Dass es sich beim Räselding nicht um eine Sitzbank, sondern um einen Fußschemel oder Tritt handelt, bestätigen die Erklärungen bei Varro (116–27 v. Chr.) und Isidor, bei denen es heißt, dass ein *scamnum* (wie im Titel des Rätsels) den Einstieg in ein höheres Bett erleichtere (*ling.* 5,168; *etym.* 20,11,8).

Schon in der römischen Antike fertigte man Schemel meist aus Holz, wobei die verzierten Füße oft die Form von Tierpfoten oder -hufen hatten – umso mehr passt der Vergleich zwischen einem Pferd und dem sprechenden Schemel mit seinem festen »Huf«.

5 Vom »Fuß« (6) ist ähnlich die Rede im Rätsel vom **Tisch** (Nr. 5: *De mensa*); auch Tischbeine endeten in der römischen Welt vielfach in Tierfüßen. Die im Lateinischen feminine *mensa* erscheint hier jedoch als gütige »Mutter«, die sich über ihre undankbaren »Kinder« (1) beklagt. Gemeint sind damit der Esstisch und die Essenden, die sich an den Speisen laben wie Säuglinge an der mütterlichen »Brust« (2, 6). Auch das Glasbecher-Rätsel (Nr. 6) verwendet die Metapher des Küssens für das Trinken; hier bekommt der Tisch »liebe Küsse« von denen, die an ihm essen und trinken (3). Doch das Mutterglück ist nicht von Dauer, denn achtlos gehen die Gesättigten nach der Mahlzeit von der Tafel und lassen diese »nackt«, das heißt ohne Tischtuch, zurück (4–6).

Leinene Hand- und Tischtücher gehörten bereits zur antiken und frühmittelalterlichen Esskultur. Hier bekleiden sie wohl einen einfachen Holztisch mit vier, drei oder nur einem »Fuß«, an dem der leere Tisch am Ende gepackt und aus dem Weg geräumt wird (6). Vom reich gedeckten vierfüßigen Tisch, den die Esser plündern und nackt zurücklassen, handelt ähnlich ein Rätselgedicht des Angelsachen und Aldhelm-Nachfolgers Tatwin (*Aenig.* 29: *De mensa*).

10 Ihren beharrlichen Dienst in Haus und Hof verrichtet auch die **Leiter** (Nr. 10: *De scala*). Dass sie nicht »allein« (*singula*, 1; die feminine Form bezieht sich auf das Geschlecht des Rätseldings), sondern nur zusammen mit ihrer »Zwillingsschwester« (3) von Nutzen ist, bedeutet, dass hier eine zweiteilige, wohl hölzerne und beidseitig begehbare Steh- oder Bockleiter gemeint ist und keine Leiter zum Anstellen wie die hohen Sturmleitern, die im Altertum und Mittelalter zum Kriegsgerät zählten. Stellt man nämlich die beiden Teile der Bockleiter gespreizt auf, lassen sich ihre Sprossen rasch besteigen und man greift mit den Händen, was man erreichen will (4–6).

Die sechs Verse des Rätsels spielen mit den Gegensätzen zwischen Stehen und Gehen und zwischen dem Unten und Oben und erzählen so eine Geschichte von gegenseitiger Abhängigkeit und Hilfe im Zusammenwirken von Ding und Mensch: Erst die stützende »Schwester« macht, dass die Leiter stillsteht und ein Weg sich auftut für die, die an ihr hochsteigen – auf dem »geraden Weg« (2) vom Fuß der Leiter bis zur ausgestreckten Hand.

18 Wie vor ihnen die Römer kannten viele frühmittelalterliche Gesellschaften das System der Sklaverei. Unfreie arbeiteten auf den Feldern und Höfen der reichen Grundbesitzer oder dienten als Haussklaven, zu denen im spätantiken Haushalt der Auskehrer (*scoparius*) zählte. Ihm oblag das Fegen und Reinemachen wie dem sprechenden **Besen** des Berner Rätsels (Nr. 18: *De scopa*), der sich sogar noch unter die Haussklavin (*vernacula*, 3) stellt.

Im Lateinischen ist der Besen feminin (*scopa*, f.), und so erscheint er hier als stolze Frau, die aus ihrer ländlichen Heimat entführt (1–2) und in einem brutalen Akt häuslicher Gewalt zur niedrigsten Arbeit gezwungen wird. Dass die vormals »ehrenhaft« Lebende auf den Boden gezerrt wird und ihr Haar fallen lässt (*depono capillos*, 4), suggeriert gar einen sexuellen Übergriff, auch wenn die durch den Dreck Gewischte dabei das Haus verschönert und damit dem Ort, an den sie verschleppt wird, etwas von ihrer Anmut verleiht (5–6). Mit dem Wechsel von Draußen nach Drinnen aber vollzieht sich eine mehrfache Verwandlung: Aus dem Baum wird ein Besen, die Freiheit verkehrt sich in Unfreiheit, und der Schmutz weicht der Sauberkeit.

Besen stellte man unter anderem aus den blattreichen Zweigen der immergrünen Myrte her, wie Plinius der Ältere berichtet (*nat.* 23, 166). Der in den Wäldern und Macchien des Mittelmeerraums heimische Strauch trägt duftende Blüten und war im Altertum ein beliebter Brautschmuck. Das passt zur Sprecherin des Rätsels, deren »blütenreiche Locken« (*Florigeras … comas*, 1) mit der doppelten Bedeutung des Wortes *coma* spielen, das sowohl das Haupthaar als auch das Laub von Bäumen bezeichnet.

9 Die einzelnen Arbeitsschritte, die es braucht, um aus Getreide Mehl zu gewinnen, beschreiben die Berner Rätsel in drei separaten Stücken, von der Ernte und dem Dreschen (Nr. 12), über das Mahlen des Korns (Nr. 9) bis zum Sieben des Mehls (Nr. 17). Das Rätsel vom **Mühlstein** (Nr. 9: *De mola*) ist das einzige der Sammlung, das mit der Erwähnung der alttestamentlichen Eva (1) explizit christliches Gedankengut enthält, doch fungiert die biblische Stammmutter hier bloß als Hinweis auf das hohe Alter des Rätseldings und ist Teil des rhetorischen Kunststücks, mit dem das Rätsel einsetzt.

Der Vers mit dem doppelten Komparativ *Senior ab aevo, Eva sum senior ego* (1) nämlich ist nicht nur chiastisch aufgebaut, sondern die Wörter alliterieren gleich mehrfach: *senior–sum–senior* und *aevo–Eva–ego*. Das widerspiegelt gleichsam die zweiteilige Gestalt einer einfachen Handmühle mit ihren beiden miteinander verbunden Rundsteinen: dem oberen beweglichen, leicht konkaven Läufer (lat. *catillus*) samt hölzernem Hebel und dem unteren, festen Bodenstein (lat. *meta*). Dabei füllt man das Korn durch die zentrale Öffnung im Läuferstein und dreht diesen von Hand im Kreis, damit das Mehl und Schrot entlang der Furchen im abgeschrägten Bodenstein nach außen getrieben werden.

Die Mechanik tritt im Rätsel allerdings in den Hintergrund zugunsten der Funktion der Mühle als personifizierte Nahrungsspenderin, die alle satt macht, solange sie selbst satt, das heißt voller Korn, ist. Den Mahlvorgang beschreiben die Verse 2–6 in einer Kette von Gegensätzen. Der Läufer ist eine Art Urgestein (im Altertum verwendete man vorzugsweise vulkanischen Basalt) und trotz seines Alters rüstig und gut »im Laufen« (2), indem er fleißig rotiert. Dass er dabei Leben schenkt und gleichzeitig ohne Hand anzulegen »Tausende« tötet (3–4), bezieht sich auf das Mehl und das Schrot, das beim wiederholten Mahlen immer feiner verrieben wird. Füllt man nämlich den Läufer mit Korn, ist die Mühle gleichsam »satt«, und was sich rastlos zwischen den Mahlsteinen bewegt, kommt geschrotet als »Nahrung« heraus (5–6). Ist der Abstand zwischen dem Läufer- und dem Bodenstein jedoch zu gering, so kann die Reibung das Korn verbrennen oder die Steine schlagen, falls zu wenig oder gar kein Mahlgut eingefüllt wird, Funken, worauf das Rätsel mit dem Verweis auf das »Feuer« anspielt, das der »nüchterne« Mahlstein entfacht (5). Dies gilt speziell für die Basaltlava, die wohl der ältere Plinius meint, wenn er schreibt, dass der Mühlstein (*mola*) auch »Feuerstein« (*pyrites*) genannt werde, »weil viel Feuer in ihm ist« (*nat.* 36, 137).

Handmühlen, wie sie die Römer im privaten Haushalt und in den Legionärslagern verwendeten, blieben das ganze Mittelalter hindurch in Gebrauch. Größere, mit Zugtieren angetriebene Rotationsmühlen und Wassermühlen kannte man seit dem zweiten bzw. ersten vorchristlichen Jahrhundert, doch sind sie hier wohl nicht gemeint.

17 Wie ein mit Schlägen angetriebener Esel an der Mühle schuftet das **Sieb** (Nr. 17: *De cribro*). Dabei stehen der offene »Mund«, die »Lippen« und die »winzigen Wunden« (1, 4) für den runden Boden, den hohen Rand und die Löcher des Siebs, das von Menschenhand »zum Laufen gebracht« (2), das heißt gerüttelt wird. Das Sieb selbst nämlich ist – trotz Mund und Lippen – unbelebt, denn seine »Eingeweide« werden bloß hineingelegt, um Feines und Grobes zu trennen (3–4), sodass darin nur liegen bleibt, was wertlos ist, bevor man das Gerät zuletzt leer wegräumt (5–6).

Das »Bessere für alle« (5), das durch das Sieb rinnt, ist hier wohl vom Schrot gesondertes Mehl (wie in Aldhelms Rätsel 67 zum selben Thema) oder was man zuvor beim Enthülsen im Mörser gewinnt, wobei die kleinen Öffnungen eher an ein feinlöchriges Sieb denken lassen. Römische Quellen unterscheiden feine Mehlsiebe aus geflochtenem Pferdehaar oder Leinwand und gröbere Siebe aus Ton oder Metall. Das Sieb aber heiße *cribrum*, erklärt Isidor von Sevilla, »weil das Getreide darin läuft (*currat*)« (*etym.* 20,8,6) – wie der laufende Sprecher des Rätsels.

53 Eine Vorstufe der Handmühle ist der Mörser, der wie diese zum alltäglichen Küchengerät gehörte und in dem man kleinere Mengen Getreide, Gewürze und Steine zerrieb. Dazu verwendete man einen keulenartigen Stößel, die **Mörserkeule**, deren Form und Funktion das Berner Rätsel beschreibt (Nr. 53: *[De pistillo]*). Das sprechende, jedoch leblose Objekt erscheint dabei als monströses Wesen ohne innere Organe, aus dessen dünnem Körper bloß ein Kopf und ein Fuß wachsen und das dennoch laufen kann. Bezeichnet sind damit der schmale Mittelteil und die beiden ausgeformten Enden des Stößels, mit dem man im Mörser (»an ein und demselben Ort«) die Dinge zermalmt, sodass durch das Enthülsen und Zerreiben ein »Gewinn« und zugleich ein »Verlust« entsteht (4). Dabei bleibt das Werkzeug »nüchtern«, da es lediglich zur Essenszubereitung dient, selbst aber weder trinkt noch isst (2–3).

Die Handschriften überliefern die Zeilen ohne Titel und damit ohne eine Lösung. Dass hier eine Mörserkeule gemeint ist, erkannte bereits Wilhelm Meyer (1886) und verwies auf das ältere Rätsel des Symphosius (*Aenig.* 87: *Pistillus*), wo es ähnlich heißt, die Mörserkeule habe bloß einen Nacken und statt Füßen einen zweiten Kopf, »denn andere Körperteile fehlen« (3). Andere Herausgeber vermuten, das Berner Rätsel beschreibe eine Waage, doch dagegen sprechen sowohl die Bildlichkeit als auch die wörtlichen Parallelen in den Versen 1 und 3–4 zu den verwandten Rätseln vom Mühlstein (Nr. 9) und vom Sieb (Nr. 17), die beide genauso »laufen« (*currendo*, 2, bzw. *currens*, 4): der Mühlstein ebenfalls »an ein und demselben Ort« (*uno … loco*, 6), während er »Tausende« (*milia*, 4) vernichtet; und das Sieb, indem es ohne Eingeweide (*exta mihi nulla*, 3) nur Wertloses zurückbehält (*vilia servans*, 5).

Im Lateinischen bezeichnet *pilum* in der Regel einen größeren und *pistillus* (wie bei Symphosius) einen kleineren Stößel. Verwendet wurden letztere vielfach mit kleineren Reibschalen aus Terrakotta; größere Mörser waren aus Stein oder Bronze, die Keulen auch bleiern. In der Römerzeit hatten diese gelegentlich die Form kleiner gebogener Daumen oder Beinchen samt Fuß zum Stampfen.

Technisches

46 Das kahle, doppelköpfige Monstrum, das statt Schrecken Küsse verteilt, ist ein **Hammer** (Nr. 46: *De malleo*): Der »Nacken«, der allein seinen Körper ausmacht, bezeichnet den Stiel (1) und die beiden aus dem Hals wachsenden Köpfe den doppelten Hammerkopf (2), der am Ende des fußlosen Stils eingelassen ist (3). Dabei gleicht das Werkzeug mit seiner glatten metallenen Oberfläche einem Kahlköpfigen, der für seinen »glänzenden Scheitel« weder eine Schere noch einen Kamm braucht (5–6).

Die Funktion und den Nutzen des Hammers umreißen die Verse 4 und 6 mit den Metaphern des Laufens und Küssens, die in der Berner Sammlung mehrfach vorkommen. Das wiederholte Hämmern nämlich gleicht sowohl einem »steten Gang«, durch den sich die Dinge glätten (4), als auch dem Verteilen von Küssen, über die sich zuletzt »viele freuen« (6). So kontrastiert die hässliche Gestalt des Rätseldings mit dessen ästhetischer Wirkung, und die ungewöhnliche Bildlichkeit deutet wohl weniger auf einen schweren Hammer, wie man ihn in der Eisenschmiede oder zum Einschlagen von Nägeln verwendete, sondern auf das feinere Werkzeug in der Hand des Silberschmieds, dessen Erzeugnisse allseits gefallen.

Die richtige Lösung (*De malleo*) überliefert einzig die Leipziger Handschrift. Frühere Herausgeber vermuteten, beim Rätselgegenstand handle es sich um eine Mörserkeule, die Symphosius (*Aenig.* 87) mit ähnlichen Worten beschreibt. Eine solche aber ist im titellosen Berner Rätsel 53 gemeint.

54 In den Handschriften stehen die Zeilen ohne Lösung. Brandt (1883) schlug deshalb die Antwort »Waagschalen« vor, während Glorie (1968) an den Kettbaum eines Webstuhls (lat. *insubulum*) dachte. In beiden Fällen sind damit höchstens Teilaspekte des Rätsels erklärt, nicht aber das unterschiedliche Wesen der zwei gleichnamigen »Brüder« (1), von dem die sechs Verse handeln. Gemeint sind also zwei verschiedene Dinge, die das Lateinische mit ein und demselben Wort bezeichnet, weshalb das Rätsel ausnahmsweise nicht in der Ich-Form geschrieben ist.

Eine solche Lösung könnte das maskuline *follis* sein, womit man einen Ball, einen Blasebalg, eine Kupfermünze oder – seit spätrömischer Zeit – einen Geldbeutel samt den darin enthaltenen Münzen bezeichnete (so noch Isidor, *etym.* 16, 18, 11). Aus dieser Vielzahl (»unter vielen«, 1) fokussiert das Rätsel zum einen den **Blasebalg** als den »Armen« und zum anderen den **Geldbeutel** als den »Reichen« des homonymen Brüderpaars. Trotz allem »gleich« ist ihre Arbeit, da sie beide einnehmen und ausgeben: der Balg die Luft, die er »stets hat«, und der Beutel das Geld, das in diesem mitunter fehlt (3–4). Was die zwei Verschiedenartigen dennoch verbindet, ist ihr Äußeres: Ihr kopfloser »Körper« nämlich ist die lederne Tierhaut, aus der sowohl die Luftkammer des Blasebalgs als auch der Geldbeutel bestehen, während der »Mund«, der den Körper umschließt, die Düse des Balgs bzw. die Öffnung des Beutels bezeichnet (5). Nicht ganz einfach ist die Deutung des letzten Verses, doch das Bild vom gegensätzlichen Stillstehen und Liegen, das ähnlich auch im Schiff-Rätsel (Nr. 11) vorkommt, passt zum Blasebalg, verwendeten doch schon die Römer in ihren Eisenschmieden größere liegende Gebläse und beidhändig bediente Doppelbälge mit Griffen und langen Düsen. Und auch der Geldbeutel »bringt« schließlich nur dann etwas, wenn das Geld auf dem Tisch statt verborgen in der Truhe liegt.

Als Rätselgegenstand findet sich der Blasebalg zuerst bei Symphosius (*Aenig.* 73: *Follis*) und später auch bei Aldhelm (*Aenig.* 11: *Poalum*), dem ein größeres Gerät mit zwei Bälgen als atmende aber leblose »Zwillingsbrüder« vorschwebt. Einige Handschriften von Aldhelms *Aenigmata* setzen dazu erklärend die Pluralform *Folles* bzw. *De follibus*, was womöglich auch der ursprüngliche Titel des Berner Rätsels war.

31 In den Handschriften ist das Rätsel mit dem poetischen Titel *De nympha* (»Vom Wasser«) überschrieben; der drin beschriebene Gegenstand ist jedoch eine Druckwasserleitung, genauer ein **Saugrohr** oder Saugheber, mit dem sich Flüssiges durch den hydrostatischen Druck von einem Punkt an einen anderen, tiefergelegenen Punkt leiten lässt. Saugrohre verwendete man seit dem frühen Altertum etwa zum Umfüllen von Getränken oder in der Bewässerung. Römische Ingenieure nutzten das Prinzip für den Bau ihrer Aquädukte, deren Druckwasserleitungen aus mehreren Bleirohren bestanden und ganze Täler überwinden konnten und deren tiefster Punkt man als »Bauch« (*venter*) bezeichnete (Vitruv, 8, 6, 5–6).

Einen solchen hat auch das im Berner Rätsel personifizierte Gerät, das, ohne aus Bechern zu trinken, dennoch »trunken« ist (1–2): Die Öffnung des Rohrs ist sein »Mund« (1) und das Innere sein »Bauch« (4). Ist dieser voll, so kann nichts herausfließen (2), sondern das Wasser steigt zunächst durch den Druck »aus der Tiefe« (4), um zuletzt wie ein Regenschauer auszutreten, sobald man den Daumen von der Öffnung nimmt (5–6).

Ein Wasserrohr aus Holz beschreibt ein Rätsel bei Symphosius (*Aenig.* 72: *Tubus*), das ebenfalls die *lymphae* (Wasser) erwähnt, ansonsten aber keine der technischen Details enthält, die das Berner Rätsel auszeichnet. Die Bezeichnung für ein Saug- oder Druckwasserrohr im klassischen Latein ist *sipho* (m.), was – anders als das weibliche *nympha* – zur männlichen Form *ebrius* (»trunken«, 2) passt. Den Begriff *sipho* kennt Isidor von Sevilla (*etym.* 20, 6, 9) für eine als Feuerspritze gebrauchte Pumpe; den Kopisten, die das Rätsel überliefern, war das Wort wohl nicht mehr geläufig. Die Aquädukte der Römerzeit hingegen wurden im Frühmittelalter mitunter weiterbenutzt wie beim 753 gegründeten Kloster San Salvatore in Brescia, wo die Äbtissin Anselperga, die Tochter des letzten Langobardenkönigs Desiderius, das klösterliche Wassersystem mit dem alten römischen Aquädukt verbinden ließ.

40 Ein kurioser Rätselgegenstand ist auch die **Mausefalle** (Nr. 40: *De muscipula)*, die, ohne selbst einen »Bauch« zu haben, dennoch wie ein Vielfraß »Nahrung« erbeutet (2–3). Gemeint sind damit die flinken Mäuse, die »vielen Rastlosen« (*multos vagantes*), die wie in Fesseln gelegt in der Falle festsitzen (1, 4). Dabei lassen die Details vermuten, dass hier keine Klotzfalle beschrieben ist, bei der ein Holzstück auf die Maus herunterfällt und diese tötet, sondern eine sogenannte Torsionsfalle, die entweder »aufgespannt« (*extensa*, 1; *tensa*, 6) oder »gelöst« (*soluta*, 2) ist und die, wenn sie zuschnappt, ähnlich einer Vogelfalle dank ihrer Öffnungen oder »Mäuler« (4) die Tiere gar lebend fängt.

Brett-, Klotz- und Torsionsfallen für Mäuse und Ratten verwendete man schon im Altertum. Aus späterer Zeit bekannt sind die beiden hölzernen Fallen in der Schreinerwerkstatt des heiligen Joseph im Mérode-Triptychon des Meisters von Flémalle (um 1425/1428), die auf Christi Tod am Kreuz als »Mausefalle des Teufels« verweisen. Die Vorstellung geht auf Augustinus (serm. 263, 1) zurück und begegnet in der geistlichen Literatur des Mittelalters öfters. Bezeichnenderweise findet sich nichts davon im Berner Rätsel, dessen Sprecherin ihr ganzes Glück darin findet, hier und jetzt möglichst viele ahnungslose Nager in ihre Fänge zu locken.

11 Das Rätsel vom **Schiff** (Nr. 11: *De nave*) ist ein typisches Beispiel eines Verwandlungsrätsels. Ein solches beschreibt, wie etwas von Menschenhand aus seinem ursprünglichen in seinen jetzigen Zustand überführt wird. Oft geschieht dies mittels einer Reihe von Gegensatzpaaren, die die beiden Zustände als gesonderte Abschnitte einer Biografie miteinander in Bezug setzen. Meist verändert das Rätselding dabei sein Alter und Aussehen, verlässt seinen angestammten Lebensraum und verrichtet zuletzt seinen Dienst in der Gesellschaft der Menschen.

Die Verwandlung im Berner Rätsel betrifft das sprechende Schiff beziehungsweise den Baum, aus dessen Holz die Schiffplanken bestehen. Tot und lebendig, liegen und stehen, leer und beladen sind die Gegensätze, die die beiden umschreiben. Lebend nämlich steht der Baum im Wald, umgeben von wilden Tieren (2, 5); ist er aber gefällt und »tot«, trägt sein Holz »größere Last« (1) in der Form von Menschen und Nahrungsgütern, die wie »Eingeweide« im Bauch des auf dem Wasser liegenden Schiffs verstaut sind (3–4). Beschrieben ist also kein Kriegs-, sondern ein Handelsschiff, das, obgleich selbst leblos, auf seinem Weg »allen Leben« bringt (4), ohne dass von dessen Kielwasser am Ende ein Fußabdruck bleibt (5). So fügt sich der zum Schiff verwandelte Baum ein in den Kreislauf des Lebens.

Mit dem Bild der vielen Wege, auf denen das Schiff keine Spuren hinterlässt, schließt schon Symphosius seinen Dreizeiler zum selben Thema (*Aenig.* 13: *Navis*) und auch bei ihm ist das hölzerne Schiff eine »Tochter des Waldes«.

24/50A Die zunehmende Verwendung von **Pergament** als Beschreibstoff in der christlichen Spätantike bedeutete das Ende der Papyrusrolle, sodass ab dem 4. Jahrhundert der Codex mit seinen gefalteten und gehefteten Pergamentblättern zur hauptsächlichen Form des Buches im lateinischen Westen wurde. Anders als Papyrus war Pergament dauerhaft, ließ sich auf beiden Seiten beschreiben und hatte den Vorteil, dass es überall hergestellt werden konnte. Die einzelnen Schritte bei der Pergamentbereitung sind das Thema von gleich zwei Rätseln der Sammlung (Nr. 24 und 50A); in zwei weiteren (Nr. 25 und 56) geht es um das geschriebene Wort. Damit gehören die vier Stücke zur Untergattung der Buch- oder Schriftwesen-Rätsel, die schon bei Symphosius und speziell bei den angelsächsischen Dichtern des 7. bis 10. Jahrhunderts begegnen, wobei die Berner Beispiele zwar die gleichen Motive wie Aldhelm und seine Nachfolger gebrauchen, nicht aber deren religiös-monastisches Denken und allegorische Sprache teilen.

Für die Pergamentherstellung verwendete man vorzugsweise die Haut von Schafen, Ziegen oder Kälbern. Diese wurde zunächst in einer Kalklauge gebeizt (und nicht gegerbt wie Leder), von Haaren und Fettresten befreit und anschließend zum Trocknen mit Stricken auf einen Rahmen gespannt, bevor man die Oberfläche mit einem scharfen Schabeisen reinigte und mit Bimsstein glättete. Diese Verwandlung vom Tier zum Buch schildert in knappster Form das erste Berner Pergament-Rätsel (Nr. 24: *De membrana*) in drei Schritten. Die Eingangsverse handeln vom Nutztier, das lebend den Menschen Nahrung und »Reichtum« (1) verschafft, tot aber, nämlich als Beschreibstoff, einen zusätzlichen geistigen »Gewinn« (2) bringt. Die Verse

3–4 handeln davon, wie die Tierhaut aufgespannt und vom Pergamentmacher enthaart und gereinigt wird, bis zuletzt das fertige Buch in den Händen der staunenden Menschen liegt, voller zahlloser Worte und Buchstaben, die es dennoch nicht beschweren (5–6). Dass der Codex hier ein Objekt der Begierde und der Bewunderung von »Königen« (*reges*, 5) ist, unterstreicht den hohen Wert, den die frühmittelalterlichen Eliten dem Buch beimaßen, und passt zum profanen Kontext der Berner Sammlung.

Das zweite Rätsel zum gleichen Thema (Nr. 50A) variiert und erweitert die Motive. Das Tier ist hier die »Mutter«, die zu Lebzeiten »auf festen Füßen« steht und aus der die Haut geschnitten wird, um ein möglichst großes Stück Pergament zu gewinnen (1–3). Erneut ist der intellektuelle Nutzen des Buchs gemeint, wenn es heißt, dass die Tierhaut wertlos sei, solange man sie nicht brauche (4), während die scheinbaren Paradoxa des abschließenden Verspaars sich auf die Verarbeitung des Pergaments zu Blättern beziehen: Zunächst noch »ganz«, werden die geglätteten Häute vom Rahmen gelöst (»getrennt«) und beschriftet, bevor man sie zuschneidet, falzt und die Lagen zu einem Buchblock zusammenheftet (5). So wird aus den Teilen ein Ganzes, dessen Seiten »Gliedern« gleichen, in denen »Flüssiges« – nämlich die Tinte des Schreibers – auf Dauer »geschützt« ist (6).

Das Rätsel ist ohne einen Titel und einzig in der Berliner Handschrift überliefert, von wo es Strecker (1914) in seine Edition aufnahm (deshalb die nachträgliche Nummerierung). Spätere Kommentatoren schlugen die Lösung »charta« (Papier, Papyrusblatt) vor, jedoch sprechen die Details und die Parallelen zum Rätsel Nr. 24 mehr für das tierische Pergament als für den pflanzlichen Papyrus, den zwar das Berner Rätsel Nr. 27 zum Thema hat, freilich ohne dass darin vom Papyrusblatt als Beschreibstoff die Rede ist. Vielmehr spielt die doppelte Erwähnung der »Glieder« (*membris*, 1 und 6), die das Rätsel gleichsam umrahmt, auf das Lösungswort *membrana* an, von dem Isidor (*etym.* 6, 11, 1) sagt, dass das Pergament deshalb so heiße, »weil es von den Gliedern (*ex membris*) des Viehs abgezogen wird«.

25 Als »Haus« (5) voller Wörter erscheint der Codex im Rätsel von den **Buchstaben** (Nr. 25: *De litteris*), das vom Schreiben und Lesen handelt. Die im Lateinischen femininen *litterae* sind hier die »schwarzen Schwestern«, die sich von den »weißen« Pergamentseiten abheben (1), und ihre »drei Eltern« sind die Finger der schreibenden Hand (2). Dabei sehen die einzelnen Lettern nicht nur unterschiedlich aus und heißen verscheiden (3), sondern jede hat auch ihren eigenen Lautwert und somit eine eigene »Stimme« (*vox*, 4), die erklingt, wenn wir lesen. Im abschließenden Vers wird dies als Dialog zwischen Leser und Text beschrieben: Wer liest und entziffert, »fragt«, und das Geschriebene »antwortet« (6).

Möglichst weißes und feines Pergament oder *vellum* wurde seit der Spätantike aus geglätteter und mit Kreide behandelter Kälberhaut hergestellt. Schwarze Tinte gewann man durch die Mischung eines Bindemittels mit Wasser unter Beifügung von Ruß. Als Schreibgriffel (der im Rätsel nicht erwähnt ist) diente seit dem Frühmittelalter die zugespitzte Vogelfeder, die den antiken Kalamos aus Schilfrohr ersetzte. Anders als heute war auch das Lesen, denn man las meist laut, sodass – wie es im Rätsel heißt – die verschiedenen »Stimmen« der Buchstaben und Silben tatsächlich zum Klingen kamen, als würden sie sprechen und antworten.

Die sechs Verse enthalten eine Reihe von Motiven, die in der angelsächsischen Rätseldichtung seit Aldhelm (*Aenig.* 30: *Elementum*) mehrfach vorkommen: das Bild der Buchstaben als »Schwestern« und deren Entstehung durch die drei Schreibfinger, aber auch der Kontrast der schwarzen Tintenfarbe auf dem weißen Grund des Pergaments und die Metapher der »antwortenden« Schrift. Typisch für die Berner Sammlung ist das witzige Paradox der gleichzeitigen »drei Eltern«, deren viele Kinder so unterschiedlich sind. Dass diese »in einem einzigen Streich« (*unito ictu*, 2) gezeugt werden, spielt mit der obszönen Nebenbedeutung des Wortes *ictus* (Schlag, Stoß).

56 Schwierig und bis anhin nicht vollständig erklärt worden ist das Rätsel vom **Wort** (Nr. 56: *De verbo*). In den zwei ältesten Handschriften fehlt zwar der Titel (Berlin, Staatsbibliothek) bzw. ist dieser zusammen mit den Anfangszeilen verloren gegangen (Bern, Burgerbibliothek), die übrigen Textzeugen, die die Zeilen vollständig überliefern, identifizieren das Rätselding jedoch unmissverständlich als *verbum* (Wort). Dennoch haben einige Herausgeber – zu Unrecht und ohne überzeugende Argumente – hier ein kosmologisches Rätsel vermutet, das die Sonne als »Bruder« des Mondes beschreiben soll.

Zu einer plausibleren Erklärung gelangt man, wenn man die im Rätsel erwähnten Familienverhältnisse im Sinne der spätantiken Sprachtheorie auflöst und das Geschwisterpaar des ersten Verses als geschriebenes und gesprochenes Wort deutet. Der männliche Sprecher ist das im Titel genannte geschriebene Wort (*verbum*), dem als »einzige Schwester« (1) das gesprochene Wort (die feminine *vox articulata*) entspricht. Geschwister sind sie, da sie beide Erscheinungsformen ein und derselben Sache sind; und je alleine sind sie, da sie entweder schriftlich oder mündlich existieren. Das vermeintlich inzestuöse Verhältnis der beiden als Geschwister und gleichzeitige »Gattin« bzw. »Gatte« (2) erklärt sich aus den daraus entstehenden »vielen

Kindern« (5). Gemeint ist damit die aus Wörtern bestehende Rede (*oratio*), die aus der Beziehung zwischen dem geschriebenen und dem gesprochenen Wort zustande kommt, ohne dass die zwei »in einem Bett zugleich vereint« sind, da Schrift und Rede sich stets nur sinngemäß und gleichsam »aus der Ferne« (4), nicht aber physisch verbinden. Das »Gewand« schließlich, das zuletzt die so gezeugten sprachlichen »Nachkommen« einhüllt (6), könnte die Grammatik (*grammatica*) sein, die »Kenntnis des richtigen Redens« – wie es Isidor von Sevilla formuliert – und die umfassende »Grundlage der freien Künste« (*etym.* 1, 5, 1).

Vom gesprochenen Wort (*vox articulata*) als Teil der Grammatik und von der Verbindung zwischen Stimme (*vox*) und Wort (*verbum*) spricht Isidor anderenorts (*etym.* 1, 5, 4 bzw. 3, 20, 2), wie sich überhaupt die hier verrätselten Begriffe und Konzepte bei den römischen Grammatikern (Varro, Donatus, Priscian) und den frühchristlichen Autoren (Augustinus, Cassiodor) erklärt finden. Etwas davon klingt auch im Berner Buchstaben-Rätsel (Nr. 25) an, wenn es dort ähnlich heißt, dass jedes Schriftzeichen des Alphabets eine unterschiedliche »Stimme« (*vox*) habe.

Bäume und Nutzpflanzen

14 Der auch in der Bibel mehrfach erwähnte **Öl- oder Olivenbaum** (*Olea europaea*) ist *der* mediterrane Baum schlechthin, den das Altertum wegen seines kostenbaren Öls, das als Nahrung, als Brennmittel und zur Körperpflege diente, an die »Spitze aller Bäume« (Columella, *de re rust.* 5, 8, 1) stellte. Entsprechend eingehend behandeln die römischen Agrarschriftsteller den genügsamen und sprichwörtlich »langsam wachsenden Ölbaum« (Vergil, *georg.* 2, 3) – von den Techniken seiner Anpflanzung und Veredelung bis zur Ernte und Verarbeitung seiner Steinfrüchte in der Ölpresse.

Das botanische Wissen verdichtet das Berner Rätsel (Nr. 14: *De oliva*) in drei Abschnitten über den Wuchs (1–2), die Aufzucht (3–4) und den Nutzen (5–6) des Ölbaums mittels der Metaphern der Zeugung und der Familie. Der »edle Nachwuchs« und die »Kinder«, die das sprechende Rätselding – scheinbar widernatürlich – erst »nach Jahren« hervorbringt (1–2), sind die Oliven, die in brauchbarer Qualität erst an ausgewachsenen Bäumen und nur alle zwei Jahre reifen. Das Bild der fleißigen Kindererziehung (3) bezieht sich auf die Aufzucht der Ölbäume in Pflanzschulen und das Veredeln der verschiedenen Sorten, wie dies etwa Plinius der Ältere in seiner *Naturkunde* beschreibt, der auch weiß, dass der Baum einzig in einem Umkreis von höchstens »40000 Schritten vom Meer entfernt« wächst (*nat.* 15, 1).

Genau dies ist gemeint, wenn es im Rätsel weiter heißt, dass die miteinander am Baum verbundenen Früchte – oder die Bäume im Olivenhain – nur dann gedeihen, wenn sie der Meeresfeuchtigkeit (*marinus ... imber*, 4) und damit dem mediterranen Klima ausgesetzt sind. Erst so nämlich wachsen mit den noch unreifen Oliven jene »bitteren Söhne«, aus denen sich das Öl als die »milden Enkel« des Mutterbaums gewinnen lässt (5), das den Menschen als Brennstoff für die Öllampe (vgl. Rätsel Nr. 2) und als Heilmittel dient (6). Olivenöl nämlich wärme den Körper, schreibt schon Plinius (*nat.* 15, 19), schütze gegen Frost und kühle den heißen Kopf.

15 Ein biblischer Baum und eine alte Kulturpflanze ist auch die Palme (Nr. 15: *De palma*), die sich mit ihren süßen Früchten genauer als **Dattelpalme** (*Phoenix dactylifera*) zu erkennen gibt. Anders als die rund ums westliche Mittelmeer heimische Zwergpalme, die keine Früchte trägt, ist die Dattelpalme wildwachsend vor allem im trockenen Nordafrika und Orient verbreitet und wurde schon im Altertum dort auch kultiviert, weshalb es im Rätsel denn auch heißt, der Baum stehe »in Wüstengegenden« (1). Auch die Gestalt der schlanken Dattelpalme ist anders als »bei anderen Bäumen« (2): Der

lange Stamm ist nicht verzweigt und endet in einer Krone gefiederter und immergrüner Blätter, die das Rätsel als *coma* (1) bezeichnet, was »Haupthaar« oder »Laub« bedeutet (und hier mit »Schopf« übersetzt ist).

Das »süße Obst« der essbaren Datteln wächst nicht an Ästen wie bei unseren Obstbäumen, sondern aus der Spitze des Stamms und in traubenförmigen Büscheln (3–4). Verschieden sind zudem die Anzucht und die Art der Vermehrung, die anstatt durch Aussaat der Samen besser mittels Teilung des Mutterstamms und Bestäubung der weiblichen Setzlinge mit männlichen Pollen geschieht (5), wie dies schon Plinius genau beschreibt, bei dem sich auch die übrigen botanischen Nachrichten finden, die in das Rätsel eingearbeitet sind (*nat.* 13, 26–50).

Die traditionelle kultische Bedeutung der Palme als Siegeszeichen klingt einzig ganz am Schluss an, wo das Bild der »lieben Gefährtin« aller Rechtschaffenen (6) an den Bibelvers »Der Gerechte wird blühen wie eine Palme« (Ps 91,13) erinnert. Wie sehr die Berner Sammlung dennoch die Vorstellungswelt der religiösen Symbolik ausblendet, zeigt der Vergleich zu den *Aenigmata* Aldhelms, der in seinem Palmenrätsel (*Aenig.* 91: *Palma*) zwar die Dattelfrüchte erwähnt, den Baum aber primär als ein von Gott geschaffenes Sinnbild für den glorreichen Märtyrertod preist.

16 *Cedrus* oder mehrheitlich *De cedria* sind die Zeilen in den Handschriften überschrieben, worunter man im Altertum und Mittelalter sowohl die Zeder als auch den Wacholder bzw. deren Harz (*cedria*) verstand. Das sprechende Rätselding ist hier aber weder der Baum noch das Harz, sondern die Frucht, die als »süße« Tochter des Mutterbaums unter deren spitzen Stacheln geschützt heranwächst (1–2). Diese, so heißt es weiter, ist »rund« und »rötlich« wie Harz (3), und ihr Fleisch schmeckt bitter-süß wie Essig (5–6).

Die Hinweise passen auf die kleinen rotbraunen Beerenzapfen des im Mittelmeerraum heimischen **Stech-Wacholders** (*Juniperus oxycedrus*). Unter der Bezeichnung »kleinere Zeder« oder »Stachelzeder« (*oxykedros*) findet sich der Stech-Wacholder wiederum bei Plinius, der die nadelförmigen stacheligen Blätter und süßen Früchte des strauchartigen Baums hervorhebt (*nat.* 13, 52–53) und von der Verwendung der Zapfen als Heilmittel schreibt (*nat.* 24, 20). In der verhüllenden Beschreibung des Rätsels ist die Wacholderbeere als Kind des mütterlichen Baums zwar zunächst vermenschlicht, doch als Pflanze letztlich blutlos (wörtlich »ohne Blut«, 5).

Der lateinische Name für den Zeder- und Wacholderzapfen ist *cedris* (f.), und die korrekte Überschrift des Rätsels müsste demnach *De cedride* (statt *De cedria*) lauten, wie einige Herausgeber festhalten. Das botanische Wissen über den Stech-Wacholder und seine Zapfen, das hier einfließt, ist detailreich und präzise; ohne einen Titel wäre das Rätsel allerdings kaum lösbar.

47 Die **Kastanie** (Nr. 47: *De castanea*), genauer die Ess- oder Edelkastanie (*Castanea sativa*) mit ihrer Nussfrucht oder Marone, ist ebenfalls eine typisch südeuropäische Nutzpflanze. Die Römer kultivierten den Baum in verschiedenen Sorten in ganz Italien und den südlichen Provinzen und schätzten nebst den nahrhaften Früchten, die man kochte, das widerstandsfähige Kastanienholz (die heute weit verbreitete Rosskastanie wurde erst im 16. Jahrhundert aus dem Osten eingeführt). Wie beim Rätsel vom Ölbaum (Nr. 14) präsentieren sich Baum und Frucht in einem Mutter-Kind-Verhältnis, nur dass diesmal das Kind, also die Kastanienfrucht, spricht: Sie entwickelt sich am Mutterbaum in einer »rauen Schale« (1), bis ein »sanftes Gewand« die ausgewachsene Frucht umhüllt (2). Bezeichnet sind damit der äußere stachelige Fruchtbecher der Kastanie mit seinen ein bis drei Früchten und die innere braune Schale der ausgereiften Nuss, die vergleichsweise weich und ledrig ist. Beide beschreibt Plinius in seiner *Naturkunde* und nennt nebst der stacheligen Hülle (*calyx*) und der biegsamen Schale (*cortex*) die feine Samenhaut (*membrana*), die als dritte Schicht den essbaren Kern umgibt und die, wenn man sie nicht abziehe, dessen Geschmack verderbe (*nat.* 15, 92).

Dies weiß auch das Berner Rätsel, wenn es heißt, dass die Kastanie nur genießbar ist, wenn sie ihrer »Kleider« entblößt und »nackt«, also ganz geschält ist. Der Vergleich führt die Kleider-Metaphorik der Anfangsverse weiter und schließt mit einem erotischen Unterton, der schon im Begriff *intacta* (3) anklingt, was – wie im Ei-Rätsel (Nr. 8) – »unberührt« oder »unversehrt«, aber auch »jungfräulich« bedeutet. Der nicht einfach zu deutende Mittelteil des Rätsels (3–4) aber bezieht sich auf die Zeit, wenn im Herbst die reifen Kastanien von den Bäumen fallen: Sind die braunen Fruchtbecher nämlich »unversehrt« und voller essbarer Nüsse, so krachen sie geräuschvoll auf den Waldboden (3); sind sie aber »verdorben« oder leer, fallen sie lautlos herunter (4). So zeichnet das Rätsel den Lebenszyklus der Kastaniennuss in drei Schritten nach: Vom Wachsen und Reifen am Baum (1–2), zur Ernte der Früchte (3–4) und zu deren Verzehr durch die Menschen (5–6).

48 Auf das Kastanien-Rätsel folgen in den Handschriften sechs Zeilen ohne Titel, die offensichtlich ebenfalls eine Baumfrucht, diesmal jedoch eine **Walnuss** beschreiben, wie schon die frühen Herausgeber Brandt (1883) und Meyer (1886) richtig vermuteten. Darauf deuten die vier paradoxen »Erscheinungsformen« (*figuras*, 1) des sprechenden Rätseldings, das zugleich

feucht und trocken, dick und dünn, süß und bitter sowie weich und hart ist (3–4). Die Reihung der femininen Adjektive (*humida*, *sicca*, *crassa*, *dulcis*, *amara*, *mollis*) passt zum grammatischen Geschlecht der Nuss (*nux*, f.) und ihrer Botanik. Die Walnuss wächst als Samenkern einer kugeligen grünen Fruchthülle, die fleischig und dicker ist als die harte zweiteilige Schale des essbaren Kerns; die Nüsse sind feucht, wenn man sie bei der Ernte aus der Frucht löst, bevor man sie anschließend trocknet; und bitter ist nicht nur die ungenießbare Fruchthülle, sondern auch die dünne Samenhaut, die den süßen Kern umgibt. Die abschließenden beiden Verse führen dies weiter aus, denn süß und groß wird die Nuss nur, wenn sie am Baum in der bitteren und harten Frucht heranwächst (5–6).

Auffällig ist die förmliche Sprache zu Beginn, wo es wörtlich heißt, dass es »die Vernunft gebietet« (*deposcit ratio*), den Rätselgegenstand in knappen Worten zu beschreiben (2). Der umständliche Hinweis steht in ironischem Kontrast zu den Paradoxa der sich anschließenden vier Halbverse (3–4), die die Nuss zwar in aller Kürze beschreiben, jedoch für sich allein keinen Sinn ergeben.

Wie die Esskastanie wurde auch die Walnuss von den Römern im Westen eingeführt, angebaut und beschrieben. Plinius nennt verschiedene Arten und betont die Besonderheit des doppelten Schutzes durch die äußere dichte Fruchthülle und die innere hölzerne Schale, in der der weiche fetthaltige Walnusskern sitzt (*nat.* 15, 86–91).

27 Beim **Papyrus** assoziieren wir heute die Schriftrollen des Altertums, die unserem modernen Papier den Namen gaben. Nicht so das Berner Rätsel (Nr. 27: *De papiro*), das zunächst den Wuchs der Papyrusstaude beschreibt (1–3) und danach einzig die Verwendung des Marks des Papyrusstängels als Lampen- und Kerzendocht erwähnt (4–6). Von beidem berichtet Plinius der Ältere und schreibt, die Staude wachse am sumpfigen Nilufer Ägyptens (*nat.* 13, 71), das in der Antike das Monopol für die Papyrusherstellung innehatte. Erneut sind die botanischen Fakten im Rätsel äußerst genau bezeichnet: der weiche Flussboden, in dem der Papyrus wurzelt (1), die glatte Oberfläche seiner bis zu fünf Meter hohen grünen Halme (2) und die schirmförmigen Blätterkronen, die so dicht sind, dass sie die Stängel ganz verdecken (3).

Das Rätsel entwickelt daraus ein Spiel mit den Gegensatzpaaren vom Schatten und Licht und der eigenen und fremden Hülle. Bedeckt mit der eigenen »Kleidung« der Blätterbüschel, kann die Pflanze »die Sonne nicht sehen« (3), doch im fremden Gewand der tönernen Öllampe oder der Wachskerze erzeugt der Papyrusdocht Licht (4). Das abschließende Distichon führt dies weiter und verwendet dazu wiederum das Bild der Mutterschaft: Das im Lateinischen feminine Wasser (*aqua*) ist die »Mutter«, in der die männliche Pflanze (*papirus*) als »Sohn der Tiefe« heranwächst, um in den Händen der Menschen – als lichtspendender Docht – zum »Freund des Lichts« zu werden (5). Das Wasser aber kann die Flamme auch löschen, und dasselbe Element, das Leben gibt, nimmt dieses auch (6).

Anders als die Palme oder der Wein kommt der Papyrus in der spätantiken und mittelalterlichen Rätselliteratur sonst nirgends vor. Die bei Plinius und anderen noch ausführlich erklärte Herstellung beschreibbarer Papyrusblätter aber lässt das Berner Rätsel unerwähnt, was auch damit zu tun hat, dass in der christlichen Spätantike das Pergament (vgl. Rätsel 24 und 50A) zum hauptsächlichen Beschreibstoff wurde und die Papyrusrolle ablöste.

12 Das Rätsel vom **Saatkorn** (Nr. 12: *De grano*) beschreibt die Entstehung der Getreidepflanze aus dem Saatgut als ein schicksalhaftes Familiendrama, in dem das sprechende Korn als »Vater« und das Getreide als dessen »Kinder« auftreten. Die Eltern-Kind-Metapher und das Spiel mit den Verwandtschaftsverhältnissen, die sich in der Berner Sammlung immer wieder finden, werden hier allerdings ins Dunkle gewendet; denn statt von Zeugung und Geburt handeln die Zeilen von Folter, Sterben und Trauer, die der Sprecher wie ein Wiedergänger aus dem Totenreich in düsteren Bildern beschreibt, begleitet vom dunklen Dreiklang *mortem* (»Tod«, 1), *mortuum* (»tot«3) und *mortem* (»Tod«, 6). Die »Folterqualen« (2), die das Korn willig auf sich nimmt, bedeuten das Dreschen der Getreidegarben nach der Ernte, während das Säen des Saatguts als makabreres Begräbnis inszeniert wird, bei dem das Korn in der Erde gleichsam bestattet wird (4). Die Vorstellung ist im Rätsel mit weiteren Details ausgeführt: Die Beisetzung ist »schlicht« und der »Winzling« liegt in einer »wertlosen Urne« (4–5), denn das kleine Samenkorn verschwindet namenlos im Erdreich und einzig die Schale schützt den Keimling. Dabei betrübt der schlimme Opfertod nicht einmal die eigenen »lieben Kleinen« (2), ja »alle freuen sich« gar, dass der Vater tot ist, wird er doch zu neuem Leben erweckt, wenn er als junge Getreidepflanze »in größerer Gestalt« aufersteht (6).

In der Vorstellung vom Vater, der sich für seine Kinder opfert und aufersteht, verschränken sich Antik-Heroisches und Christliches. Korn und Ähren sind biblische Bilder der Auferstehung und eucharistische Symbole, und die Zeilen erinnern an Christi Gleichnisrede vom Weizenkorn, das in die Erde fällt und stirbt (Joh 12, 24). Trotzdem beschränkt sich das Rätsel ganz auf den Naturvorgang und seine paradoxen Facetten, ohne dabei das allegorische Potenzial auszuschlachten. Mehr zur antiken als zur christlichen Welt gehört auch die Urne (*urna*, 5), mit der der Ackerboden verglichen wird, denn Urnen, wie sie die Römer bei der Feuerbestattung für die Totenasche verwendeten, kamen in frühchristlicher Zeit außer Gebrauch, nachdem sich die Erdbestattung allgemein durchgesetzt hatte.

Getreide, speziell der im Herbst gesäte Saatweizen, war das wichtigste Nahrungsmittel und die verbreitetste Feldfrucht der Antike und des Mittelalters und gehörte zusammen mit dem Wein (vgl. die Rätsel Nr. 13, 50 und 63) und dem Olivenöl (Nr. 14) zur Trias der typisch mediterranen Ernährung. Die weitere Verarbeitung des Korns zu Mehl beschreiben die Rätsel vom Mühlstein (Nr. 9) und vom Sieb (Nr. 17).

13 Gleich drei Stücke der Berner Sammlung handeln vom Weinbau und bezeugen so dessen zentrale Bedeutung für die vormoderne Landwirtschaft. Zwei davon handeln vom Wein und dessen Wirkung (Nr. 50 und 63); ihnen voraus geht das Rätsel von der **Weinrebe** (Nr. 13: *De vite*), das die Verarbeitung der Trauben zu Wein als grausige Mord- und Rachegeschichte erzählt. Die Sprecherin und das Opfer zugleich ist die im Lateinischen feminine Weinrebe (*vitis*): Fest eingepflanzt und unbeweglich steht sie im Rebberg und kann dennoch »Entfernte« nähren (1). Was es dazu braucht, erklären die Verse 2–4: Der Winzer muss im Frühjahr die Triebe der Rebe schneiden, sodass sich an den Schnittstellen Wassertropfen oder Rebtränen sammeln, was im Rätsel als brutale Verstümmelung und tränenreiche Fesselung beschrieben wird (2–3). Nur so wachsen über den Sommer die Trauben als »Kinder« des Rebstocks heran, doch ereilt auch sie im Herbst der »Tod« in der Weinpresse (4). Den Mord an der Mutter aber rächen später die gegorenen Trauben »mit ihrem vergossenen Blut«, das heißt als Wein, der die Menschen betrunken macht und sie zur Vergeltung straucheln lässt (5–6) – ein Bild, mit dem auch Aldhelm sein Rätsel vom Glasbecher (*Aenig.* 80: *Calix vitreus*) beschließt.

Die krassen Vergleiche und die unverblümte Gewalt, die aus den sechs Zeilen spricht, passen zum Rätsel von Saatkorn (Nr. 12), das in den meisten Handschriften vorausgeht. An den Bericht vom Opfertod des Vaters (Korn) für seine Kinder (Getreide) schließt sich hier derjenige von der Mutter (Weinrebe) und ihrer Nachkommen (Trauben) – ein Diptychon vom Leben und Sterben, das nicht einem göttlichen Plan, sondern dem menschlichen Willen folgt, auch wenn dieser nicht immer obsiegt. Dabei zeichnen die starken Sprachbilder die naturgeschichtlichen Vorgänge genau nach, vom »Schwert« oder »Eisen« (*ferrum*, 1) des sichelförmigen Rebmessers (lat.

falx vinitoria) bis zu den »Tränen« (3) des Rebwassers (lat. *lacrima vitis*), die schon die römischen Agrarschriftsteller beschreiben.

50/63 Das erste der beiden Rätsel vom **Wein** (Nr. 50: *De vino*) handelt von der Herstellung des Rebensafts in der Kelter (1–3) und der Wirkung des alkoholischen Getränks auf die Menschen (4–6) – ein in der antiken und mittelalterlichen Literatur beliebtes Thema. Die Metaphern von Mutterschaft, Geburt, Tod und Gewalt sind dieselben wie bei der Weinrebe (Nr. 12), nur dass das blutige Drama der Rebenmutter und ihrer Trauben-Kinder sich hier in die nächste Generation fortsetzt. Nun nämlich sind die Trauben die vielen »Mütter«, aus denen der sprechende Wein »geboren« wird (1) und diese dabei verwundet und »leblos« in der Weinpresse zurücklässt (2–3). Das Opfer aber verleiht dem Kind »Macht« über die menschlichen Peiniger (4), denn während der Wein jene verschont, die von ihm lassen, so wird er zum Widersacher all derer, die zu viel von ihm trinken (5–6).

Mit demselben Gedanken endet auch das zweite Berner Wein-Rätsel (Nr. 63: *De vino*). Rebe und Kelter sind hier nicht mehr erwähnt, dafür erscheint der Wein gleich zu Beginn in den Bechern der Trinkenden und preist seine Vorzüge. In der Welt der Antike und des Mittelalters nahm der Wein nicht nur »den Vorrang« (2) vor allen anderen Getränken ein, sondern gehörte im mediterranen Raum zur alltäglichen Ernährung speziell der oberen Schichten. Wein trank man verdünnt mit Wasser und oft gewürzt sowohl zum Essen als auch als Heil- und Rauschmittel. Davon handeln die Verse 3–6 des Rätsels, wo der Wein mit seinen »Kräften« (3) und seiner »gewaltigen Stärke« (6) sich sogar über »Gesetz und Recht« (4) zu stellen vermag und manch einen täuscht, der ihn ohne rechtes Maß genießt.

Der Wein ist ein beliebter Rätselgegenstand und begegnet schon in der Sammlung des Symphosius (*Aenig.* 82: *Conditum*), der nach eigenem Zeugnis seine 100 Dreizeiler für die weinseligen Gelage der römischen Saturnalien dichtete. Von der Rauschwirkung des Weins allerdings handeln erst wieder die frühmittelalterlichen Rätsel, die im klösterlichen Milieu entstanden, wo der Wein wiederum eine wichtige Rolle spielte. Wohl auch deshalb hat man das 63. Berner Rätsel mit dem langobardischen Mönch und Geschichtsschreiber Paulus Diaconus († vor 800) in Verbindung gebracht. Auf ihn könnte sich das Akrostichon PAULUS beziehen, das die Anfangsbuchstaben der sechs Verse bilden (vgl. hierzu die Ausführungen in der Einführung: *Zeit und Herkunft*). Die Zeilen, die nicht wie überall sonst in der Sammlung aus 14, sondern 16 Silben bestehen, sind offensichtlich ein karolingischer Zusatz, der einzig in zwei Handschriften des 9. Jahrhunderts überliefert ist;

einmal (Vaticanus, Reg. Lat. 1553, fol. 14r) zusammen mit dem ersten Wein-Rätsel (Nr. 50) und einmal (Leipzig, Universitätsbibliothek, Rep. I.74, fol. 24r) als eine Art Kolophon im Anhang zu den übrigen Stücken.

Aus dem Garten

33 Den Anfang der Blumen-Rätsel macht das zierliche **Veilchen** (Nr. 33: *De viola*), und beschrieben ist hier das aus dem Mittelmeergebiet stammende, wohlriechende Duftveilchen (*Viola odorata*), das schon in den Gärten der Antike als Zier- und Heilpflanze kultiviert wurde. Klein von Gestalt – die Wuchshöhe ist bloß 10–15 cm – blühen die krautigen Pflänzchen bereits im März und gedeihen gerne unter lichten Gebüschen, was sie »im Alter«, wenn sie ausgewachsen und verblüht sind, noch unscheinbarer und »kleiner« erscheinen lässt, wie es das Rätsel umschreibt (1). Tatsächlich geht das Veilchen seinen »Schwestern«, das heißt den anderen blühenden Pflanzen (lat. *plantae*, f.), als Verkünderin des Frühlings voraus (3–4) und trotzt mit seiner »besseren Kleidung« der späten Winterkälte (2). Besonders geschätzt aber wird das Märzveilchen wegen der »Fülle« seines süßen Dufts, den man weithin riechen kann, auch wenn die dunkelvioletten Blüten kaum sichtbar sind (5–6).

Weder die prächtige Rose noch die Lilie könnten die Zierde, die Wirkkraft und den Duft des Veilchens übertreffen, schreibt im 11. Jahrhundert Odo von Meung in seinem Kräuterbuch (*de vir. herb.* 1342–1343). Die hohe Wertschätzung des kleinen Frühlingsboten, den die Römer auch als Kranz- und Kultblume verwendeten, hebt schon der ältere Plinius hervor und meint, dass dessen Geruch aus der Ferne noch lieblicher sei und sich in der Nähe gar abschwäche (*nat.* 21, 27 und 35). Mit demselben Gedanken schließt das Berner Rätsel und braucht dazu das schöne Bild vom »Suchenden« (*quaerendi*, 6), dem der bloße Veilchenduft den Weg durch den Garten weist. Damit ist weit mehr gesagt als im Dreizeiler des Symphosius zum selben Thema (*Aenig.* 46: *Viola*), dessen Formulierung vom »kleinen Körper« (*corpore parvo*) des Blümchens hier nachklingt.

34/52 Gleich zwei Stücke der Sammlung haben die **Rose** zum Thema und bezeugen so deren traditionellen Rang als edelste aller Blumen. Schon in der griechischen Antike züchtete man Rosen in Gärten und schätzte nebst der duftenden Blütenpracht vor allem das aus den Blättern gewonnene Rosenöl als Parfüm und Heilmittel sowie die essbaren Hagebutten. Die beiden Rätsel allerdings erwähnen weder den Duft noch den Nutzen der Pflanze, sondern beschreiben allein das Sprießen der Rosenknospe und vergleichen den Vorgang mit einer schmerzfreien bzw. jungfräulichen Geburt

Im ersten Rätsel (Nr. 34: *De rosa*) spricht die junge Knospe. Deren »schöne Mutter« mit stacheligem Bart und schmalem Schoß ist der schlanke Rosenzweig, an dem der junge Trieb heranwächst, während die fünf mütterlichen »Arme« die fünf Kelchblätter bezeichnen, die die Knospe umschließen (1–2). Diese präsentiert sich als Emporkömmling aus »geringem Geschlecht« (3), womit wohl ganz allgemein die Herkunft der Pflanze aus dem Erdreich und ihr niedriger Wuchs gemeint sind. Einmal entsprungen, genießt die junge Rose freilich die Wertschätzung und »Ehre«, die ihr unter den Menschen zuteilwird (4), und bedankt sich bei der »Mutter« mit ihrer Schönheit und dadurch, dass sie dieser bei ihrer Entstehung keine »Schmerzen« verursacht (5–6).

Ganz anders das zweite Stück (Nr. 52: *De rosa*), das die Perspektive wechselt und einen kälteren Ton anschlägt: Nun spricht die Rose als »Mutter« (5) der Knospen, die, sobald sie austreiben, Wunden in den mütterlichen Körper schlagen (4). Die Vergleichsbilder sind grundsätzlich dieselben, doch statt der Schönheit der Blume stehen hier deren Triebe im Vordergrund, die als »harte Kinder« aus dem Innern der zarten Mutterpflanze hervorsprießen (1). Sie sind die verborgenen »Söhne«, deren vegetative Entstehung das Rätsel mit dem Paradox der jungfräulichen Empfängnis umschreibt (2). Sobald die Knospen aber blühen, umhüllen sie die Hauptzweige wie eine »schmucke Decke« (5) und entwickeln Stacheln. Diese sind im abschließenden Vers gemeint, wo die jungen stacheligen Zweige (»die Schwachen«) die Menschen (»die Starken«) verletzen, sobald sie ihnen allzu nahe kommen (6).

Anders als unsere modernen gefüllten Zuchtrosen waren die Rosen der Antike und des Mittelalters strauchig, dicht verzweigt und voller kleiner fünfblättriger Blüten wie bei der rotblühenden Essigrose (*Rosa gallica*), der im Mittelmeerraum heimischen Stammpflanze vieler europäischer Gartenrosen. Ihre leuchtende Farbe und spitzen Stacheln beschreibt auch Symphosius in einem seiner Rätsel (*Aenig.* 45: *Rosa*). Von der symbolischen Bedeutung der Rose als Blume Marias und der Märtyrer aber liest man erst in den religiösen Texten späterer Jahrhunderte.

35 Ebenso berühmt wie die Rose sei zurecht die blendend weiße Lilie mit ihrem dünnen Stängel und den safrangelben Staubfäden, schreibt Plinius in seiner *Naturkunde* und empfiehlt, die beiden Blumen im Garten nebeneinander zu pflanzen (*nat.* 21, 22–23). Auch in den Handschriften der Berner Sammlung folgt auf die Rose (Nr. 34) stets die **Lilie** (Nr. 35: *De lilio*) oder besser die Lilien, denn in den sechs Versen ist durchwegs die Pluralform (*nos*, 1) verwendet.

Erneut beschreibt das Rätsel seinen Gegenstand aus dem Blick des geduldigen und dankbaren Gärtners. Anders als die Rose macht die Lilie keine Triebe, sondern keimt im Erdreich aus einer Zwiebel, und so sind die Familienrollen hier neu verteilt: Die »offene Mutter« ist die Erde (die im

Lateinischen feminine *terra*), während der rätselhafte »verborgene Vater« (*pater occultus*) die auch bei Plinius erwähnte Blumenzwiebel (lat. *bulbus*, m.) bezeichnet, aus der die Lilie wächst (1). Da sich auch dieser Zeugungsprozess ungeschlechtlich vollzieht, bleibt die Erde dabei »ehrenhaft« (*honesta*, 2, auch »anständig«, »schicklich«, »schön«) und lässt die Pflanze gedeihen (2).

Die weiteren botanischen Details betreffen den Wuchs und die sprichwörtlich kurze Blütezeit der mediterranen Weißen Lilie (*Lilium candidum*, auch Madonnenlilie), die hier beschrieben ist. Deren langer dünner Stängel (*hasta*, 2) endet im Hochsommer in »leuchtend weißen« Blüten mit goldgelben Staubbeuteln (6), die, wenn man sie berührt, stark abfärben. Das Rätsel erzählt dies als flüchtige, jedoch innige Begegnung zwischen Mensch und Pflanze: Kaum berührt und geschnitten, welkt die Lilie zwar rasch (3–4); die Verehrung, die man ihr bezeugt, aber vergilt sie und hinterlässt ihre »gelben Spuren« auf den Lippen all jener, die ihren Duft aus der Nähe riechen wollen (5–6).

36 Das Rätsel vom **Safran** (Nr. 36: *De croco*), den auch Plinius der Ältere in seiner *Naturkunde* anschließend an die Rose, die Lilie und das Veilchen beschreibt (*nat.* 21, 31–34), dreht sich ganz um das Wachstum und die ungewöhnliche Blütezeit der Pflanze und erwähnt deren Verwendung als Gewürz erst ganz zum Schluss. Genauer bezeichnet ist damit der zu den Krokussen gehörende Safran-Krokus (*Crocus sativus*), mit dessen getrockneten Blütennarben man seit der griechisch-römischen Antike nicht nur Wein und Speisen würzte, sondern auch medizinische Salben, Parfüm und Färbemittel herstellte.

Das Rätsel folgt den Vegetationsphasen der mehrjährigen Pflanze und erwähnt zuerst deren kleine Knollen, die – anders als bei unseren frühblühenden Krokussen – erst im Herbst treiben. Im Sommer ist der Safran deshalb noch unsichtbar und gleichsam lebendig »begraben« (1–2), bis sich vor dem Wintereinbruch – Plinius nennt den 11. November – die sechsblättrigen hellvioletten Blütenkelche zeigen (3–4). Sie sind das »Haus« (5), in dessen Innern sich die langen dreiteiligen Griffel mit ihren aromatischen orangeroten Narbenästen befinden. So ist der Safran zwar klein und »bescheiden« hinsichtlich seiner Gestalt, jedoch unübertroffen als Gewürz und Luxusware damals wie heute (6).

Der Safran-Krokus gelangte im Altertum aus dem Nahen Osten über Griechenland in das Gebiet rund um das Mittelmeer und seine Fäden waren ein kostbares Handelsgut. Kleinere Anbaugebiete im nördlicheren Europa entstanden erst im Hoch- und Spätmittelalter.

37 Wertvoll und begehrt war in vormoderner Zeit auch der **Pfeffer**, der im Berner Rätsel (Nr. 37: *De pipere*) von seiner Herkunft, Verarbeitung, Wirkung und seinem Geschmack berichtet. Die gattungstypischen Paradoxa sind hier dicht aneinandergereiht: Das Rätselding ist zwar gefesselt, bewegt sich aber dennoch (1); es gibt warm, obwohl es sich kalt anfühlt (2); es ist kraftlos, wenn man ihm nichts antut (3), aber stark, sobald man es schlägt und bricht (4); und es beißt, obwohl es zahnlos ist (5). Beschrieben ist damit der Pfeffer als Gewürz und nicht der Pfefferstrauch (*Piper nigrum*), dessen Früchte, die Pfefferkörner, man seit der römischen Kaiserzeit aus Indien importierte und in getrockneter Form (schwarzer Pfeffer) oder geschält (weißer Pfeffer) in der Küche verwendete.

Im Rätsel erscheint der Pfeffer deshalb als wandernder »Fremdling« (*pereger*), der fern seiner Heimat »gefesselt« ist, weil er in Säcken oder Fässern gehandelt wird (1). Mit der wärmenden Wirkung des Pfeffers (2), die schon Theophrast (*hist. plant.* 9, 20) und Dioskurides (*mat. med.* 2, 159) erwähnen, ist der scharfe Geschmack gemeint, der sich erst entfaltet, wenn man die Körner im Mörser zerreibt, was das Rätsel als Schlagen und Brechen beschreibt (3–4). Das Ganze gipfelt im alliterierenden Wortspiel vom »gebissenen Beißer«: Mit dem »Biss« (*morsu*) seiner Schärfe »beißt« (*mordeo*) der Pfeffer den, der mit den Zähnen auf ihn beißt (*mordentem*), obwohl er selbst zahnlos ist (*nec vulnero dente*, 5). Das Aufbäumen des Fremdlings ist allerdings nur von kurzer Dauer, denn das »Ende« und der »Untergang«, von denen im Schlussvers die Rede ist (6), verweisen noch einmal auf den Mahlvorgang im Mörser, nach dem der Pfeffer zuletzt im Kochtopf landet.

Dass das Pfefferkorn unzermahlen kraftlos ist (*me subnixum nulla virtute*, 5), schreibt ähnlich Aldhelm in seinem Versrätsel zum gleichen Thema (*Aenig.* 40: *Piper*). Die Metapher vom doppelten Biss, die auch die angelsächsischen Rätseldichter kennen, hingegen geht auf Symphosius' Dreizeiler von der Zwiebel zurück (*Aenig.* 44: *Caepa*):

Mordeo mordentes, ultro non mordeo quemquam.
Sed sunt mordentem multi mordere parati:
nemo timet morsum, dentes quia non habet ullos.

(Ich beiße Beißende; von selbst beiße ich keinen.
Manche aber sind bereit, den Beißenden zu beißen:
Niemand fürchtet den Biss, denn er hat gar keine Zähne.)

26 Der **Senf** ist eine alte, aus dem Mittelmeergebiet stammende Kulturpflanze. Im Altertum verwendete man die Samenkörner des Weißen und Schwarzen Senfs (*Sinapis alba* bzw. *Brassica nigra*) als Küchengewürz und Arzneimittel und aß die Blätter der mit dem Kohl verwandten Senfpflanze als Gemüse. In die Gärten nördlich der Alpen gelangte der Senf erst im frühen Mittelalter.

Der Sprecher des Berner Rätsels (Nr. 26: *De sinapi*) ist das winzige Senfkorn, das als runder Samen in den Schoten der Senfpflanze sitzt (1). Die Stängel des Weißen Senfs werden rund 70 cm hoch, die des Schwarzen bis zu zwei Meter. So ist die Pflanze die hochgewachsene »Mutter« des Senfkorns (3), von dessen verborgener Schärfe die Zeilen hauptsächlich handeln. Diese nämlich zeigt sich erst, wenn man die geruchlosen Samenkörner im Mörser zerstößt und mit Sodawasser und Essig vermischt, wie dies Columella in seinem Rezept zur Herstellung von Tafelsenf beschreibt (*de re rust.* 12, 57, 1–2). Im Rätsel wird daraus ein Gewaltakt, denn das Senfkorn wird »gepackt« und »im Kreis«, das heißt im runden Mörser, »mit Schlägen« zerquetscht (5), um am Ende dennoch zu triumphieren: Der Mutter entrissen, zeigt das Waisenkind seine ganze in ihm wohnende Kraft und »Würze« (6), und der äußerlich unscheinbare Witzling erweist sich auf einmal als der Größte (2).

Das Thema findet sich in der älteren Rätselliteratur sonst nirgends. Die christlichen Dichter des Hochmittelalters hätten in den Versen wohl einen Bezug zum biblischen Gleichnis vom Senfkorn hergestellt, wo es heißt, dass dieses zwar kleiner als alle anderen Samen sei, sobald es aber zur Pflanze heranwachse, alle anderen Kräuter überrage (Mk 4, 30–32). Das Berner Rätsel erwähnt den Größenunterschied zwischen dem Samen und dem Stängel ebenfalls, doch steht hier nicht deren symbolträchtiges Gedeihen im Zentrum, sondern die naturgegebene Eigenschaft und der Wert der Pflanze in den erfahrenen Händen der Menschen.

51 Das Rätsel vom **Knoblauch** (Nr. 51: *De alio*) vereinigt mehrere Motive und Stilmittel, die sich in der Berner Sammlung wiederholt finden. Zu den typischen Anthropomorphismen (Körper, Bauch, Kopf, Füße) kommen hier die Metapher des Kleidens und Entkleidens (1–2), das Paradox des mit seinen Eltern schwangeren Kindes (3), die groteske Vorstellung der Wiedergeburt des lebendig Begrabenen (4) und die monströse Gestalt des Rätseldings (5–6). Bezeichnet sind damit die Knoblauchpflanze (*Allium sativum*) als Ganzes (der »Körper«, 2), die Knoblauchzwiebel (der »Bauch«, 3), deren mehrschichtige Hülle (das »Kleid«, 1–2) und zottelige Wurzel (der »Kopf«, 6) sowie das Ende des Stängels samt Laubblättern und weißen Blüten (die »Füße«, 6). Die »Eltern« des Knoblauchs aber sind seine Teilzwiebeln oder

Zehen, die man beim Anbau in die Erde steckt, sodass die Pflanze aus sich selbst neu sprießt und gleichsam aus dem Grab aufersteht (3–4).

Anders als beim Senf (Nr. 26) sagen die Zeilen nichts vom scharfen Geschmack des Knoblauchs, den hingegen Plinius (*nat.* 19, 111) hervorhebt und die dünnen Schichten der Häutchen beschreibt, mit denen die Zehen umhüllt oder »bekleidet« (*vestitis*) sind. Auch dass man schon früher den Knoblauch nicht nur als Nahrungsmittel, sondern auch als Heilpflanze schätzte, blendet das Rätsel aus und präsentiert stattdessen das vertraute Gartengewächs als bizarren Sonderling.

Das Rätsel druckte Strecker (1914) in seiner Edition der Berner Sammlung noch ohne Titel, denn er hatte keine Kenntnis der vatikanischen Handschrift Reg. lat. 1553, wo sich die richtige Lösung *Alium* (Knoblauch, f. 17v) findet.

39 Zu den alten Arznei- und Zierpflanzen zählt auch der in ganz Europa heimische Gewöhnliche **Efeu** (*Hedera helix*), von dem man irrtümlich glaubte, er nähre sich parasitär von den Bäumen, an denen er hochwachse, indem er ihnen Wasser entziehe. Der Efeu sei aber nicht nur ein Feind der Bäume, liest man in Plinius' *Naturkunde* (*nat.* 16, 111), sondern er sprenge auch Mauern (*muros rumpens*).

Im Berner Rätsel (Nr. 39: *De hedera*) heißt es ähnlich, dass der Efeu trotz seines »weichen«, d. h. biegsamen Körpers seine »harten Eltern« zersprenge (*disrumpo*, 2), und gemeint sind damit die Baumstämme, Felsen und Mauern, an denen der Efeu dank seiner Haftwurzeln emporklettert und in deren Spalten er sich gerne festsetzt. Dass diese als »Vater« bzw. »Mutter« (1) erscheinen, stimmt ausnahmsweise nicht mit der Grammatik überein – *arbor* (Baum) ist im Lateinischen weiblich, *lapis* (Stein) männlich. Doch wichtiger als die Zuordnung ist hier die Ironie, dass das Kind zwar gegen seine strengen Eltern rebelliert, letztlich aber nicht auf seinen »eigenen Füssen« stehen kann (5) und Vater und Mutter als Rankhilfe braucht, um in schlingenden Bewegungen (»mit verdrehten Händen«) in die Höhe zu klettern (6). So rahmen die Hinweise auf den speziellen Wuchs der Pflanze die beiden mittleren Verse (3–4), wo es darum geht, dass der immergrüne Efeu Hitze und Kälte trotzt und seine Blätter das ganze Jahr über ihre Farbe behalten.

Tiere

22 Kein Kleinvieh sei nützlicher als das **Schaf**, versichert der römische Agrarschriftsteller Columella († um 70 n. Chr.) in seinen *Büchern über die Landwirtschaft* (*de re rust.* 7, 2, 1), denn mit seiner Wolle schütze uns das Tier vor Kälte und sättige mit seinem Überfluss an Milch und Käse nicht nur die Bauern, sondern bereichere auch die Tafeln der besseren Leute mit allerlei feinen Gerichten. Dieselbe hohe Wertschätzung gegenüber dem Schaf liest man aus dem Berner Rätsel (Nr. 22: *De ove*), das die anspruchslose Natur des Tiers mit seinem ökonomischen Nutzen kontrastiert, wenn es heißt, das Schaf sei zwar kraft- und «mittellos» (1, 3), ja «arm» (6), verschaffe aber dennoch allen »Reichtum«, ohne selbst danach zu streben (2).

Dieser Reichtum gründet hauptsächlich in der Schafwolle, dem wichtigsten vorneuzeitlichen Rohstoff für die Herstellung von Kleidern, Decken und Teppichen, ohne die – wie das Tier im Rätsel selbst sagt – niemand bestehen kann (5). Zu Milch und Käse kommen das Fleisch und das Fett als Nahrungsmittel, aber auch die Schafshaut, die man seit der Spätantike vorzugsweise für die Pergamentherstellung verwendete (vgl. die Rätsel 24 und 50A). So dient das genügsame Tier, das für sich bloß »bescheidene Nahrung« braucht und dessen Haltung einfach ist, allen sozialen Schichten, einschließlich Königen (6).

Beim rätselhaften »Tribut« (4), den das arme Tier »nüchtern« leisten muss (4), könnte man an die Schafschur denken oder an die kultische Bedeutung des Schafs als Opfertier. Eine bessere Erklärung liefert Columella in seinen Ausführungen zur Schafzucht (*de re rust.* 7, 3, 13), wo es heißt, dass man in ländlichen Gegenden alle Jungtiere eines Wurfs für die Aufzucht behalte, in Stadtnähe aber die zarten Lämmer, »noch ehe sie Grünfutter gefressen haben«, dem Fleischer übergebe, um so von den Muttertieren mehr Milch zu gewinnen.

7 Mit Luft gefüllte Schweins- oder andere Tierblasen gehören zum ältesten Spielgerät. Feste, mit Federn gefüllten Schlagbälle und weiche Bälle voller Luft unterscheidet der römische Epigrammatiker Martial (1. Jh. n. Chr.) und meint, letztere seien nichts für junge Männer, sondern ein Spielzeug für Kinder und Alte (14, 47). Darstellungen von Ballspielen haben sich aus der Antike und dem Mittelalter erhalten, und noch unter den *Kinderspielen* des älteren Pieter Bruegel (1560) erkennt man, wie ein Kind eine Tierblase aufpustet und ein anderes im Fluss eine solche als Schwimmhilfe braucht.

Das Berner Rätsel (Nr. 7: *De vesica*) vergleicht die zum Ball aufgeblasene

Tierblase mit einem »Haus« und ihre Öffnung mit dessen Türe, die entweder geschlossen ist oder offensteht (3–6). Der unsichtbare männliche »Bewohner« (4) des Hauses, der dieses trotzdem nicht schwerer macht, ist die Luft (lat. *aer*, m.). Ist die Blase nämlich zu und die Luft darin verschlossen, lässt sie sich leicht in die Höhe schlagen (5); öffnet man aber den Verschluss, so entweicht alsbald der luftige Bewohner (6).

Die in den ersten beiden Versen des Rätsels verwendete Ich-Form ist damit für einmal nicht konsequent weitergeführt. Dort spricht die Blase von sich nicht als Ball, sondern als Behältnis: Je nach Menge der enthaltenen Flüssigkeit dehnt sich die Blase mehr oder weniger aus und »fügt« sich so dem verborgenen Inhalt (1), der bei jeder Bewegung gleichsam geschlagen und geschüttelt wird (2). Die etwas umständliche Beschreibung könnte sich auf die Verwendung der Schweinsblase als Gefäß im Haushalt oder aber auf die Harnblase als Organ des lebendigen Tieres beziehen.

30 Von einem Haus und seinem Bewohner handelt auch das **Fisch**-Rätsel (Nr. 30: *De pisce*), nur dass damit ein Fluss und der darin schwimmende Fisch gemeint sind. Der Vergleich stammt aus der Rätselsammlung des Symphosius, dessen Dreizeiler vom stummen Fisch im rauschenden Fluss (*Aenig.* 12: *Flumen et piscis*) durch seine Einbindung in den spätantiken Apollonius-Roman große Verbreitung fand:

Est domus in terris clara quae voce resultat.
Ipsa domus resonat, tacitus sed non sonat hospes.
Ambo tamen currunt, hospes simul et domus una.

(Auf Erden ist ein Haus, das mit lauter Stimme widerhallt.
Das Haus selbst ertönt, doch der schweigsame Gast tönt nicht,
Dennoch laufen sie beide, der Gast und mit ihm zugleich das Haus.)

Das Berner Rätsel, in dem der stumme Fisch spricht, variiert und erweitert das Thema: Das Tier ist ein rastloser Wanderer (1–2), der das dunkle und kalte Wasser einem »warmen Bett« (5) vorzieht. Der Fluss ist auch hier ein vertrautes »Haus« (4), das – anders als bei Symphosius – zwar nicht laut rauscht, doch genauso rollt und unstet ist wie sein Bewohner.

Das Spiel der Gegensätze bestimmt auch den chiastisch aufgebauten Vers vom Leben und Tod (*vita ... mors ... mortem ... vita*, 3): Die Luft ist die Lebensgrundlage der Landtiere, nicht aber die des Fisches, der an der Luft nicht überleben kann (»Leben ist Tod für mich«); doch was für andere den

Tod durch Ertrinken bedeutet, heißt für den Fisch gerade Leben (»den Tod suche ich anstelle des Lebens«). Die paradoxe Zuspitzung ist typisch für die Berner Sammlung, in der das Kleine und Unbedeutende immer wieder grotesk überhöht dargestellt wird. Darin eine Allegorie auf den Kreuzestod Christi zu sehen, trägt zu viel an den einen Vers heran und passt nicht zur Bildlichkeit des Rätsels insgesamt.

44 Perlen, so glaubte man früher, entstünden aus dem Himmelstau. Die Perlmuscheln würden sich einmal im Jahr öffnen und himmlische Tautropfen in sich aufnehmen, die unter Wasser zu runden Perlen heranwachsen. Die legendenhafte Erklärung, die im Altertum entstand und sich bis in die Frühe Neuzeit hielt, ist im Berner Rätsel von der **Perle** (Nr. 44: *De margarita*) lediglich angetönt: einmal zu Beginn, wo die traditionell zu den Edelsteinen zählende Perle selbst auf die »wundersame Weise« (1) ihrer Entstehung verweist, sowie im dritten Vers, der die Aufnahme des Taus an der Wasseroberfläche (»in aller Öffentlichkeit«) und die Geburt der Perle im Innern der Muschel (»im Verborgenen«) erwähnt. Das vermeintlich anstößige Paradox der öffentlichen Zeugung und heimlichen Geburt aber verleiht dem Rätselding erst seinen speziellen »prächtigen Körper« (1), womit das weiße Äußere der Perle gemeint ist, von der es hieß, dass sie umso mehr strahle, je reiner der Tau und je wolkenloser der Himmel während der Befruchtung seien.

Von der Perle wechselt die Perspektive genau in der Mitte des Rätsels zur lateinisch ebenfalls femininen Muschel (*concha*). Ist diese »leer«, so glänzt sie mit ihrem hellen Perlmutt; hat sich in ihr aber eine Perle gebildet, so macht sie die Perlenfischer und alle späteren Besitzer reich (4). Ein weiteres Gegensatzpaar bezieht sich schließlich auf den natürlichen Lebensraum der Perlmuschel, die in den Gewässern sowohl kalter wie auch warmer Gegenden vorkommt (5–6). Dies berichtet ähnlich schon Plinius der Ältere in seiner *Naturkunde* und beschreibt die wundersame »Empfängnis« der Perle aus dem Himmelstau genauso wie deren hohen Rang unter den Edelsteinen (*gemmae*) als Luxusobjekt der Schönen und Reichen (*nat.* 9, 106–124; 37, 62).

32 Wie das Rätsel vom Fisch (30) geht auch dasjenige vom **Schwamm** (32: *De spongia*) auf Symphosius zurück, wobei diesmal nicht nur die Vergleichsbilder, sondern teilweise auch die Formulierungen die gleichen sind. Da wie dort spricht der Schwamm und verweist auf seine löchrige Gestalt, dank der er Flüssiges in sich aufsaugen kann (*Aenig.* 63: *Spongia*):

Ipsa gravis non sum, sed aquae mihi pondus inhaeret;
Viscera tota tument patulis diffusa cavernis.
Intus lympha latet, sed non se sponte profundit.

(Allein bin ich nicht schwer, doch das Gewicht des Wassers steckt in mir;
alle meine Eingeweide schwellen, verteilt in weiten Höhlen.
Innen verbirgt sich das Nass, doch ergießt es sich nicht von selbst.)

Die »Eingeweide« des Schwamms mit seinen »Höhlen« (*viscera ... cavernis*) klingen im Berner Rätsel in den fleischlosen »hohlen Eingeweiden« (*viscera cava*, 2) nach. Gemeint ist damit das poröse Skelett des Schwamms mit seinen Hohlräumen: Im trockenen Zustand ist der Schwamm dadurch leicht (Symphosius: *gravis non sum*, 1), während erst das aufgesaugte Wasser ihn schwer macht (Bern: *gravis sum*, 5). Das doppelt so lange Berner Rätsel macht daraus eine groteske Mutter-Kind-Geschichte und schildert den simplen Vorgang als schauerlichen Akt des Gebärens und kannibalistischen Verschlingens. Wie in den Rätseln vom Topf, Salz und Eis (Nr. 1, 3 und 38) ist die »Mutter« das Wasser (lat. *aqua*, f.), genauer das Meer, als dessen Tochter der im Lateinischen weibliche Schwamm heranwächst, freilich ohne dabei äußerlich der Mutter zu gleichen (1). Wenn der Schwamm aber später Wasser aufsaugt, verschlingt er seine eigene »Mutter« (3), die er, drückt man ihn wieder aus, gleichsam selbst gebiert (4). So ist der Schwamm zwar leicht, wenn man ihn im trockenen Zustand anfasst, paradoxerweise aber schwer, sobald er sich losgelassen mit Wasser füllt (5) und dadurch zum willigen Diener der Menschen wird (6).

Schon Plinius (*nat.* 9, 146, 148–150 und 31, 124) zählt die Schwämme zurecht zu den Meerestieren und unterscheidet drei Arten, deren weichste und beste der im Mittelmeer vorkommende *penicillus* sei, den wir heute als Badeschwamm (*Spongia officinalis*) kennen. Früher verwendete man diesen allerdings weniger für die Körperpflege, sondern vor allem als Putzschwamm im Haushalt oder bei medizinischen Anwendungen, aber auch in den antiken und mittelalterlichen Schreibstuben zum Tilgen der frischen Tinte.

8 »Alle Vogelarten werden zweimal geboren«, schreibt Isidor von Sevilla in seinen *Etymologien* (12, 7, 79) und resümiert damit die traditionelle Idee der doppelten Geburt der Vögel, die – so die Vorstellung – zuerst im befruchteten Ei und danach als Küken zur Welt kommen. Das Berner Rätsel vom **Ei** (Nr. 8: *De ovo*) überträgt dies einmal mehr in eine widersprüchliche Eltern-

Kind-Konstellation, in der das sprechende Ei die »Mutter« und das im Lateinischen männliche Küken (*pullus*) der »Sohn« ist (1).

Der Aufbau folgt den drei Stadien der Ontogenese: von der ersten Geburt im Ei (1–2) zur Brutzeit (3–4) und zur zweiten Geburt des Jungvogels (5–6). Beide, das Ei und das noch ungeborene Küken, werden zusammen – aus ein und demselben »Leib« – von der Henne gelegt und sind deshalb gleich alt (1–2). Damit aber das Junge heranwachsen kann, muss das Ei ganz und »unversehrt« bleiben, was die Verse 3–4 mit dem Paradox der jungfräulichen Empfängnis umschreiben. Nur so kommt der ausgebrütete »Sprössling« – sobald die Schale schließlich aufbricht und das Ei gleichsam stirbt – lebend zur Welt (5–6).

Das Thema vom »Küken im Ei« findet sich bereits in der Rätselsammlung des Symphosius (*Aenig.* 14: *Pullus in ovo*), wo der Vogelembryo ebenfalls als noch Ungeborener erscheint, nur dass dort mit der »Mutter« das Eier legende Weibchen und nicht das Ei bezeichnet ist. Die wesentlich komplexere Berner Version, die das Muttertier nur indirekt erwähnt, verschiebt die Perspektive vom Küken zum personifizierten, sprechenden Ei und verrätselt so den vertrauten Naturvorgang als absurdes und deshalb nur scheinbar menschliches Geschehen.

21 Die Rätsel vom Bienenwachs (Nr. 19), dem Honig (Nr. 20) und der Biene (Nr. 21) sind in praktisch allen Handschriften zusammen überliefert und behandeln verschiedene Aspekte der Imkerei – von der Zeugung und Nahrung der Bienen bis zur Honigproduktion und der Verwendung des Bienenwachses im Alltag. Alle drei – die Biene, der Honig und das Wachs – kommen darin einzeln zu Wort und berichten von ihrer wundersamen Herkunft, wobei die Bilder sich überlagern und ergänzen und die Rätsel sich so gegenseitig erhellen.

Die Bienenzucht war ein wichtiger Bereich bereits in der antiken Landwirtschaft, und entsprechend ausführlich sind die Erklärungen zur Pflege der Bienenvölker und zur Honiggewinnung speziell bei den römischen Agronomen, auf die man sich auch später noch lange berief. Dabei steht das Wissen über die ideale Haltung der wegen ihrer sozialen Lebensform als vorbildlich geltenden Bienen im Gegensatz zum zoologischen Verständnis, das zwar auf Erfahrung und Bewunderung beruhte, jedoch viel Unrichtiges enthielt, etwa was die Fortpflanzung der Tiere und den Ursprung des Honigs betrifft.

Um beides dreht sich das Berner **Bienen**-Rätsel (Nr. 21: *De ape*), in dem sich das Tier selbst als »weder männlich noch weiblich« (1) einführt. Tatsächlich galten Bienen als geschlechtslos, und weil man ihre Paarung nicht beobachten konnte, stellte man sich vor, dass sie ihren Nachwuchs in der Natur fänden und von Blüten oder »Blättern und lieblichen Kräutern selbst mit dem Mund (*ore*) auflesen«, wie Vergil schreibt (*georg.* 4, 200–201). Im Rätsel heißt es genauso, dass die Biene ihre Kleinen »mit dem Mund (*ab ore*)« aufnimmt (4), denn bei der Zeugung sind weder ein Vater (2) noch ein mütterlicher Schoss (4) im Spiel, sodass sich die Neugeborenen auch nicht von Muttermilch ernähren (3).

Zwar spricht in den Zeilen die im Lateinischen feminine Biene (*apis*), allerdings ist diese nirgends als weibliches Wesen angesprochen, und selbst das Wort *coniux* (1) kann sowohl einen Gatten als auch eine Gattin bezeichnen. Damit ist die eingangs erwähnte Asexualtität des Tieres betont und nicht etwa dessen Jungfräulichkeit, die man im Mittelalter gerne mariologisch deutete. Gleichzeitig variieren die Begriffe für die jungen Bienen, die zwar alle gleich aussehen (5), aber wegen ihrer Vielzahl als »Söhne« (*filios*, 2), »Nachwuchs« (*prolem*, 3), Geschöpfe oder »Entstandene« (*cretos*, 4), »Junge« (*natis*, 5) und »die Meinen« (*meos*, 6) erscheinen, um sich zuletzt im Bienenstock am süßen Nektar und Honig zu laben, von dem das Rätsel Nr. 20 handelt.

20 Auch was den **Honig** und seine genaue Entstehung anbelangt, war man früher im Unklaren und meinte, dieser sei eine »Himmelsgabe« (Vergil, *georg.* 4, 1), denn er falle als Morgentau auf die Erde nieder, wo die Bienen ihn – ähnlich wie ihren Nachwuchs (vgl. Rätsel 21) – von den Bäumen und Blumen aufsaugen, in ihren Stock tragen und dort in die Waben erbrechen. Dabei sei der Honigtau noch unrein, wenn die Biene ihn in sich aufnimmt, schreibt Plinius (*nat.* 11, 30–31), und verwandle sich erst in der Wabe zu genüsslichem Honig.

Im Berner Rätsel (Nr. 20: *De melle*) ist dies die doppele Geburt des Honigs: Dieser wird ein erstes Mal »geboren«, wenn er auf unergründlichen Wegen vom »leuchtenden Haus« des Himmels tropft (1–2), bevor die Biene ihn »bei der Empfängnis« in sich aufnimmt und unverändert ein zweites Mal gebiert, indem sie den gesammelten Tau in die Wabe abgibt (4). Erst dort nämlich, im »Leib« des Bienenstocks, wird daraus Honig (3). Das Geheimnisvolle des Naturvorgangs spiegelt sich in der auffällig poetischen Sprache, die im schönen Schlussbild gipfelt, wo es heißt, dass allein die sprichwörtlich fleißige Biene als »geflügeltes Wesen« den begehrten Honigtau findet und in die Wabe trägt; gefüllt mit goldgelbem Honig gleicht diese deshalb einem »goldenen Haus«, das die Biene wie eine Künstlerin »mit ihrem Mund« für den kostbaren Schatz »malt« (5–6).

Vom himmlischen Haus schlägt das Rätsel damit einen Bogen zum irdischen Haus der goldenen Honigwabe und bezeugt so den hohen Wert, den man seit dem frühen Altertum den Bienen und der Imkerei beimaß. Bienenhonig war nicht nur der wichtigste Süßstoff für Speisen und Getränke, sondern wurde auch für medizinische und kosmetische Anwendungen und als Konservierungsmittel verwendet, was sich erst mit der Verbreitung des Rohrzuckers im Spätmittelalter änderte.

19 Nebst dem Honig war das **Wachs**, mit dem Bienen ihre Waben bauen, ein wertvoller Werkstoff, aus dem man seit der späten römischen Kaiserzeit nicht nur Kerzen herstellte, sondern der auch für Gussformen, Siegel, Kleinplastiken, Spielzeug und Schreibtafeln oder zum Konservieren und Polieren von allerlei Dingen verwendet wurde. Das Herausschneiden der Waben aus dem Bienenstock und die Zubereitung des Wachses beschreibt ausführlich Columella im neunten Buch seiner *Landwirtschaft* (9, 15–16): Nachdem der Imker die Bienen mit Rauch vertrieben hatte, löste er die älteren und schadhaften Waben mit langen scharfen Messern aus dem Stock, entnahm den Honig und brachte die gereinigten Waben in einem Kessel über dem Feuer zum Schmelzen. Mehrmaliges Aufkochen und Zusätze verbesserten die Qualität und hellten das Wachs auf.

Das »Messer« (3) erwähnt auch das Berner Wachs-Rätsel (19: *De cera*), das den Bienenstock als »Mutter« (1) einführt, aus deren Schoss der Imker – wie bei einem Kaiserschnitt – das Wachs schneidet (3). Das Bild passt nicht nur zur bauchigen Form des Stocks, der aus Baumrinde, Weidenruten oder gebranntem Ton bestand, sondern auch zu dessen lateinischer Bezeichnung, dem femininen *alvus*, was gleichzeitig »Bauch« oder »Mutterleib« bedeutet. Das Wachs aber gleicht schon deshalb nicht seiner Mutter (1), weil es – wie im Rätsel 21 die Bienen selbst – »ohne männlichen Samen« in der flachen Wabe entsteht (2). Doch während der Stock »geschnitten« und verletzt überlebt, schmilzt das erhitzte Wachs (4) und verwandelt sich zuletzt nicht etwa in eine Kerze (die hier unerwähnt bleibt), sondern in eine Schreibtafel (5–6).

Hölzerne und elfenbeinerne Täfelchen mit einer dünnen Oberfläche aus Bienenwachs verwendete man im Altertum und Mittelalter für alltägliche Notizen, Korrespondenzen oder Schulübungen, die man mit einem Metallgriffel in das geschwärzte Wachs ritzte; glättete man die Wachsschicht mit dem umgedrehten Griffel, ließ sich das Geschriebene wieder tilgen. Auf Wachstafeln schrieb man in der Schule und im Skriptorium, aber auch um Verträge und Rechnungen auszustellen. Wohl auf beides, den geistigen und den materiellen Nutzen, spielt das Rätsel an, wenn es heißt, dass das Wachs erst dann einen »Gewinn« und »Vorteil« bringt, wenn es nicht mehr »hell«, sondern schwarz eingefärbt ist (5–6).

Zum Schwärzen wurde das Bienenwachs der Schreibtafeln mit Ruß und Holzkohle versetzt; das Beimischen von gekochtem Harz, lateinisch *pix*, verbesserte die Geschmeidigkeit und Haltbarkeit. Dies könnte erklären, weshalb einige Handschriften das Rätsel mit der Überschrift *De pice* (»Vom Harz«) überliefern. Die oft zu kleinen Diptychen zusammengebundenen Wachstäfelchen aber nannte man *pugillares* (wie in einem Rätsel des Angelsachsen Aldhelm), *tabellae*, *codicilli* oder einfach metonymisch *cerae*.

43/28 Zwei Rätsel der Berner Sammlung handeln vom **Seidenspinner** (Nr. 43) und von der aus dessen Gespinst gewonnenen **Seide** (Nr. 28), dem kostbarsten Stoff antiker und mittelalterlicher Gewänder. Die qualitativ beste Seide gelangte seit dem Altertum vom Fernen Osten nach Europa und stammte von den Spinnfäden des chinesischen Seiden- oder Maulbeerspinners (*Bombyx mori*), doch kannte man auch eine gröbere, wilde und nach der griechischen Insel Kos benannte Koische Seide aus dem Kokon des im südlichen Mittelmeer beheimateten Pistazienspinners (*Pachypasa otus*), den der ältere Plinius (*nat.* 11, 76–78) beschreibt.

»Von den Würmchen, die Seide spinnen« (*De vermicolis siricis formatis*) lautet in den Handschriften der ungewöhnlich lange Titel des Rätsels Nr. 43. Das darin sprechende Tier ist allerdings ein einzelner weiblicher Seidenspinner, der von seiner zyklischen Metamorphose berichtet. Diese beginnt mit dem »schwangeren« Schmetterlingsweibchen und dessen Eiern, aus denen Raupen, Puppen und zuletzt junge Falter (»zahllose fliegende Geschöpfe«, 1) werden. Einmal geschlüpft, wächst die Larve mit ihren vielen »kleinen Gliedern« heran und häutet sich, bis sie sich nach etwa einem Monat als »immenser Körper« verpuppt (2). Der Kokon, in den sich die Raupe dabei einschließt, ist wie ein flaumiges »glänzendes Kleid«, das sich das Insekt geräuschlos spinnt (3–4) und das es nach der Verpuppung als leeres und »abgeschütteltes Kleid« zurücklässt (6). Es ist dieses »Vlies« (*vellere*, 5), das die erstaunliche Verwandlung schließlich mit der Menschenwelt verbindet, denn aus den abgehaspelten Fäden des Kokons lassen sich edle Seidenstoffe fertigen, die allerdings so fein und leicht sind, dass sie nicht vor Kälte schützen (5–6).

Dieselbe Bildlichkeit bestimmt auch das Rätsel von der Seide (Nr. 28: *De sirico*), das eine andere Reihenfolge einschlägt und zunächst die Raupe und ihre gesponnen »Vliese« (*vellera*, 2), danach den eierlegenden Schmetterling und zuletzt den Seidenstoff erwähnt. Dieser ist im Titel genannt, die Sprecherin ist aber auch hier die Raupe (lateinisch *bombyx*, f.), auf die sich die femininen Formen *repleta*, *conlapsa*, *effecta* und *perfectam* (2–5) beziehen. Die Verpuppung wird diesmal nur angetönt; dafür ist – durchaus richtig – beschrieben, wie das Schmetterlingsweibchen stirbt, sobald es seine Eier als »kleine Kinder« in die Welt gesetzt hat (3–4).

Ein anderes Detail betrifft das Laub, von dem sich die Tierchen ernähren. Schon in Vergils *Georgica* (2, 121) heißt es poetisch verdichtet, die Chinesen würden ihre zarten Seiden-Vliese (*vellera*) »von den Blättern kämmen«. Dies stimmt zwar genauso für die Koische Wildseide (*vellera* auch bei Plinius, *nat.* 11, 77), doch fressen die mittelmeerischen Raupen das Laub verschiedener Bäume, während die Sprecherin im Rätsel gleich zu Beginn betont, dass sie ihre schlichte Nahrung bloß von einem einzigen Baum (*arbor una*, 1) bezieht. Damit kann nur die Weiße Maulbeere (*Morus alba*) gemeint sein, die Lebensgrundlage des chinesischen oder Echten Seidenspinners. Seidenbau mit lebenden Exemplaren von Maulbeerseidenspinnern gab es im Westen erst, nachdem die ersten *Bombyx-mori*-Eier unter Kaiser Justinian (527–565) nach Konstantinopel gelangt waren. Byzanz behielt das Monopol der Seidenweberei und des Seidenhandels das ganze Frühmittelalter hindurch und regelte das Tragen von seidenen Kleidern, das der regierenden Elite vorbehalten war, per kaiserlichem Dekret. Dazu passt, dass es im Rätsel zum Schluss heißt, Kaiser (*caesares*) würden die formvollendeten Seidenstoffe »auf ihren Armen« tragen und Könige sie bestaunen (5–6).

Die Elemente

23 Feuer erzeugte man früher mit einem Schlagfeuerzeug, dem eisernen Feuerstahl, gegen den man ein hartes Stück Kieselgestein, den Feuerstein, schlug, um mit den dabei entstehenden Funken Zunder zu entfachen. Die seit Urzeiten verwendeten Feuersteine bestanden meist aus Flint. Die anfänglich meißelförmigen Feuerstahle schmiedete man seit spätrömischer Zeit zu kleinen Stahlschienen mit gewölbten Griffarmen – eine Form, die sich bis in die Neuzeit hielt.

Das Berner Rätsel vom **Feuer** (Nr. 23: *De igne*) beschreibt das Feuerschlagen und die zerstörerische Kraft der Flammen metaphorisch als Geburt, Elternschaft und Tod. Der im Lateinischen männliche Feuerstahl (lat. *clavus*, m.) und der weibliche Flintstein (lat. *silex*, f.) sind dabei die harten Eltern des sprechenden Feuers (1). Dieses entsteht »nach manchem Schlag« (2), indem der kleine Funke wie ein Neugeborenes aus dem »Mutterleib« des Steins austritt (3), um, aus der Glut »erwachsen« und entflammt, schließlich seine »immense Kraft» zu entfalten (4). Wie in den Rätseln vom Bienenwachs (Nr. 19), Schwamm (Nr. 32) und Efeu (Nr. 39) aber wendet sich die Familiengeschichte jäh ins Dunkle, wenn es anschließend heißt, dass das Feuer seine harten Eltern erweicht (5), und wenn zuletzt gar vom »Tod« die Rede ist (6). Gemeint ist damit, dass das Feuer zwar selbst harten Stahl und Gestein zum Schmelzen bringen kann, jedoch erlischt, sobald man es – wie den Docht im Papyrus-Rätsel (Nr. 27) – mit Wasser übergießt, wobei der verhüllte Hinweis auf das Wasser als das, »was allen Leben spendet« (6), zum kleinen Rätsel im Rätsel wird. So bedeutet das eine, sonst lebenspendende Element den Tod des anderen, feurigen Elements.

Das Vergleichsbild vom harten Feuerstein als mütterlichem Schoß aus dem der Funken entspringt, findet sich teils wörtlich gleich bei Symphosius (*Aenig.* 76: *Silex*) und in den angelsächsischen Rätselsammlungen Aldhelms (*Aenig.* 44: *Ignis*) und Tatwins (*Aenig.* 31: *De scintilla*).

41 Schon die seefahrenden Völker des frühen Altertums hatten ein differenziertes Wissen, was die Arten der unterschiedlichen Winde betraf, denen der Mensch zu Wasser und zu Land ausgesetzt ist, wenn auch die Ursachen meteorologischer Phänomene noch weitgehend unverstanden blieben. Winde waren göttlichen Ursprungs, hatten mythologische Namen und wurden gerne personifiziert als treibende Kräfte innerhalb des Naturgeschehens.

Kein sanftes Lüftchen, sondern ein kräftiger Sturm spricht im Rätsel vom **Wind** (Nr. 41: *De vento*) und präsentiert sich als wildes Ungeheuer, das jäh aufbraust (1–2), den Menschen schadet (3–4) und das niemand zu bändigen vermag (5–6). Die große Kraft des Rätseldings ist gleich zu Beginn betont: Schnell (*velox*), kräftig (*grandi virtute*) und laut (*sonorus*) fegt der Sturmwind über die Erde und streckt nieder oder wirbelt in die Luft, was ihm im Weg steht (1–2). Die Gefahr, die dabei für Tier und Mensch ausgeht, umschreibt das zentrale Distichon mit dem Paradox des zahnlosen Beißers, das auch im Pfeffer-Rätsel (Nr. 37) vorkommt: Obgleich mund- und zahnlos, packt und »beißt« der Sturmwind alle, die sich ungeschützt in Wald und Feld aufhalten (3–4). Doch nicht nur heimtückisch, sondern auch unsichtbar ist der Wind, heißt es am Schluss, und ein unbezwingbarer Gegner selbst für den Weltherrscher Alexander den Großen, den römischen Naturgott Liber und den kraftstrotzenden Herakles der antiken Sage (5–6).

Die drei Namen stehen stellvertretend für unser Unvermögen angesichts der immensen Naturgewalt. Was sie verbindet, ist die legendenhafte Unterwerfung des Orients: Alexander mit seinem triumphalen Asienfeldzug; Liber aufgrund seiner Gleichsetzung mit dem griechisch-römischen Gott Dionysos/Bacchus, dem mythischen Eroberer Indiens; und Herakles, den seine Heldentaten bis an die Grenzen der Welt führten. Der Topos vom heroischen Alexander, der »auf den Spuren des Vaters Liber und des Herakles wandelte« (Plinius, *nat.* 4, 39) und dabei beide übertraf, stammt aus der klassischen Alexander-Historie. Liber und Herakles erwähnen im gleichen Zusammenhang auch Vergil (*Aen.* 6, 801–805), Ovid (*met.* 4, 20–21) und Horaz (*epist.* 2, 1, 5–13).

Der Wind ist ein altes Rätselthema und findet sich auch bei Aldhelm und seinen angelsächsischen Nachfolgern sowie mehrfach im altenglischen Exeterbuch. Der kleine antike Heldenkatalog des Berner Gedichts aber ist einmalig nicht nur innerhalb der Sammlung, sondern in der frühen Rätselliteratur insgesamt.

61 Es scheine zwar, als ob unser eigener Schatten uns verfolgt und dabei stets derselbe sei, erklärt Lukrez in seinem Lehrgedicht *Von der Natur der Dinge*, doch was wir Schatten nennen, sei nichts anderes als Luft ohne Sonnenlicht; sobald wir uns nämlich bewegten, erfülle sich der lichtlose Boden wieder mit Sonnenstrahlen und ein neuer Schatten falle woanders hin (4, 364–386; danach Isidor, *etym.* 13, 10, 13). Das Rätsel vom **Schatten** (Nr. 61: *De umbra*) spielt mit dieser Sinnestäuschung in einer Reihe scheinbar unauflösbarer Paradoxa: Das Rätselding ist stationär und mobil zugleich (1, 3); es hat »Äste«, doch keine »Wurzel« (2); es geht voraus und holt einen zugleich ein (3–4); und es ist deutlich sichtbar aus der Ferne, nicht jedoch von nah (5–6).

Der Schatten ist auch hier ein Phänomen der Luft, wenn es eingangs heißt, dass sich dieser »stets an feuchten Orten« (*humidis ... locis*, 1) aufhält und dort gedeiht wie ein mächtiger Baum. Das passt zur traditionellen Idee der Luft als feucht-warmes Element – womit die von Meyer (1886) erwogene Konjektur *humilis ... loco* (»an einem niedrigen Ort«) sich erübrigt – und ist zugleich ein Echo aus dem Anfangsvers des Rätsels vom Schemel (Nr. 4), der umgekehrt von sich sagt, dass es ihm davor graut, draußen zu stehen, wo es weich und feucht ist (*mollibus horresco semper consistere locis*, 1). Anders als das häusliche Möbelstück nämlich bewegt sich der flüchtige Schatten im Freien und treibt mit uns sein Vexierspiel wie ein Luftgeist, der einen unablässig begleitet, sich aber versteckt, sobald man ihm zu nahe kommt.

Dass der Schatten sich nicht überlisten lässt, weil er sich stets wegbewegt, schreibt ähnlich Symphosius in seinem Rätsel zum selben Thema (*Aenig.* 97: *Umbra*).

49 Unbändige Naturkräfte wie beim Wind verbinden sich ähnlich mit dem **Regen** (Nr. 49: *De pluvia*). Dabei handelt das Rätsel nicht nur von der Entstehung des Regens und seinen Erscheinungsformen, sondern auch davon, wie das unkontrollierbare Element auf die Menschen wirkt. Diese nämlich staunen und klagen zugleich, sobald sich Regenwolken bilden (1), sind betrübt, während es regnet, und erleichtert, wenn die Wolken weiterziehen (3–4), weshalb sie den Niederschlag genauso verschmähen, wie sie sich ihn herbeiwünschen (6). So ist der sprechende Regen wie ein Gast, den man zwar bewundert, von dem aber niemand hofft, dass er länger einkehrt.

Von der »Geburt« des Rätseldings ist auch hier die Rede: Die Regentropfen entstehen aus der väterlichen Wolke (lat. *nimbus*, m.) und übertreffen diese schnell an Größe (2), wenn sich der Schauer ausbreitet oder gar zum Unwetter heranwächst (3). Als solches nämlich gießt der Regen seine gefürchteten »bitteren Kelche« über uns aus und ist dabei »maßlos« (*inbrobus*, 5). Die männliche Form passt streng genommen nicht zur weiblichen *pluvia* (Regen) des Titels, den die Handschriften überliefern, doch wandelt sich der Sprecher vom anfänglich kindlichen Nass zum kräftigen Regenguss, dem im Lateinischen männlichen *imber* wie bei Lukrez, der beschreibt, »wie die Regennässe sich in hohen Wolken sammelt und als Regenguss (*imber*) auf die Erde herabstürzt« (6, 495–497).

38/42 Zwei Berner Rätsel handeln vom **Eis** (Nr. 38 und 42: *De glacie*). Wie Wasser zu Eis gefriert und schmelzendes Eis sich wieder in Wasser verwandelt, ist ein altes Rätselthema und ein Musterbeispiel, mit dem die römischen Grammatiker die Gattung erklärten: Ein Rätsel, schreibt im vierten Jahrhundert Donatus in seinem Lehrbuch, beruhe auf einer verborgenen Ähnlichkeit zwischen zwei Dingen »wie in ›Meine Mutter hat mich geboren, sie selbst wird bald aus mir geboren‹ (*mater me genuit, eadem mox gignitur ex me*), weil dies bedeutet, dass Wasser zu Eis erstarrt und aus diesem wieder herausfließt« (*Ars maior* 3, 6).

Die beiden Berner Eis-Rätsel variieren dieses Thema und erweitern die absurde Familienkonstellation um die Figur des Vaters, der an der Verwandlung beteiligt ist. Das Paradox der vom eigenen Kind geborenen Mutter findet sich explizit nur im ersten der beiden Stücke (Nr. 38), und wie im klassischen Paradigma – und wie in den Rätseln Nr. 1, 3, 27 und 32 – ist damit das im Lateinischen feminine Wasser (*aqua*) gemeint. Als Regen, Schnee oder Schmelzwasser muss dieses zuerst entstehen, bevor es gefrieren kann (2), um im Zyklus der Jahreszeiten – als Eis seine Mutter »von neuem« zu empfangen (4).

Schwieriger ist die Deutung des Vaters, der das Eis formt (1), doch ist damit wohl der Frost (lateinisch *gelus*, m.) personifiziert, der »noch jung« (*parvulus*, 1) ist, weil Eis sich bildet, kaum wird es draußen kalt, und der seinerseits ein Kind des Eises ist, weil Frost und Eis sich gegenseitig bedingen (3). So bleiben die Eltern – das mütterliche Wasser und der väterliche Frost – ganz und unversehrt, solange das Eis im Winter ruht und liegen bleibt (*pendens*, 5), bis die sommerliche Wärme es zum Schmelzen bringt und so wiederum Wasser entsteht, das man zum Kochen braucht (6).

Die verschiedenen Aggregatzustände des Wassers – gefroren, flüssig und kochend – sind im zweiten Eis-Rätsel (Nr. 42) in einer Reihe von Gegensatzpaaren aufgeführt, die jeweils ein Distichon einnehmen: Das Eis ist von Natur aus hart; geschmolzen und erhitzt aber, erweicht es, was im Kochtopf gart (1–2); kaltes Eis berührt niemand gern, doch Wasser nehmen unsere durstigen Lippen wie liebe Küsse auf (3–4); und während das Eis hübsch anzusehen ist, so stirbt gleichzeitig manch anderes Schöne im Winter ab (5–6). Der Frost des ersten Eis-Rätsels ist hier der »strenge Vater« (*rigidus auctor*, 5), der den Naturvorgang einleitet und seinen »Zorn« spüren lässt, indem er die Erde mit klirrender Kälte überzieht und die Pflanzenwelt erstarren lässt. So verbinden die Zeilen ihren wandelbaren Gegenstand mit der Sphäre der Menschen: Diese können zwar das Spiel der Elemente nicht künstlich beeinflussen, doch sind sie ein Teil davon und erfreuen sich sogar daran.

Einen ähnlichen Dreizeiler mit der Lösung »Eis« verfasste schon Symphosius (*Aenig.* 10: *Glacies*), und das gleiche Thema behandeln mehrfach die angelsächsischen Rätseldichter sowie eines der karolingischen *Lorscher*

Rätsel (Aenig. 4), das womöglich nach dem Berner Vorbild entstand. Der poetische Vergleich zwischen Trinken und Küssen, den auch das Glasbecher-Rätsel (Nr. 6) verwendet, findet sich allerdings nur hier.

45 Das Rätsel von der **Erde** (Nr. 45: *De terra*) beschreibt diese nicht als Teil des Universums, sondern als Element und fruchtbaren Boden, der allen Nahrung bietet. Die für die Sammlung typischen Anthropomorphismen finden sich auch hier, wobei der offene »Mund« (1), der nüchterne »Magen« (4) und der kalte »Leib« (6) nur scheinbar die eines Lebewesens sind, denn die Erde verspürt weder Hunger noch Durst (3), isst nicht (4) und existiert dennoch ewig (6). Die paradoxen Vergleiche beziehen sich auf die Nutzbarmachung der Erde als Kultur- und Ackerland. Der geöffnete Mund und die ständigen »Hiebe«, die die Sprecherin (*terra*, f.) einstecken muss (1), bezeichnen das Pflügen des Ackerbodens und die offene Krume. Diese nimmt zwar das Saatgut auf und »verzehrt« es gleichsam, gibt das Empfangene aber in Form reifer Feldfrüchte wieder zurück (2), auf dass den Menschen ihr Essen schmeckt (5).

Anders als das vernichtende Feuer (Nr. 23) oder der unzähmbare Sturmwind (Nr. 41) erscheint die Erde damit als selbstlose Dienerin an den Menschen, die sich für diese »willig« hingibt und sie dabei überlebt.

3 **Salz** wird seit jeher aus dem Meer oder aus Salzseen gewonnen, doch förderten schon die Römer auch fossiles Steinsalz aus Bergwerken. An den Küsten des Mittelmeers unterhielten Salzbauer ihre Salinen, in deren Becken man Meerwasser unter der heißen Sonne verdunsten ließ, um die zurückbleibenden Salzkristalle in Haufen an der Luft zu trocknen. Die Salzgärten in Ostia an der Tibermündung versorgten so Rom und Mittelitalien über die *Via salaria* (Salzstraße) noch bis in die Neuzeit mit Salz. Im nördlichen Langobardenreich bezog man Meersalz aus den Lagunen des Po-Deltas und kontrollierte dessen Handel, doch verfügte man auch über eigene Salinen etwa in Vada Volterrana (Toskana) und anderen Küstenorten.

Die Salzgewinnung aus dem Meer ist in der Berner Sammlung typischerweise als Zeugung und Kindschaft beschrieben (Nr. 3: *De sale*), aus denen der Rätselgegenstand autonom hervorwächst. Der »feurige Vater« (1) ist die Sonne (lat. *sol*, m.), die sonst die Dinge zum Schmelzen bringt, hier aber macht, dass sich das Salz beim Verdunsten kristallisiert (3), während die »liebevolle Mutter« (2) einmal mehr das feminine Wasser, genauer das Meerwasser (*aqua marina*), bezeichnet, in dem das Salz »aufgelöst« (3) vorkommt. Von der Entstehungsgeschichte wechselt das Rätsel zum vielfältigen

Nutzen des Salzes für die Menschen. Dazu gehört das Einsalzen von allerlei Lebensmitteln zur Konservierung, die Beigabe von Salz als Speisewürze und in der Tiernahrung sowie die vielfältigen medizinischen Verwendungen, die alle der ältere Plinius in seiner *Naturkunde* ausführlich beschreibt (*nat.* 31, 73–105) und dabei festhält, dass es »ohne Salz kein menschenwürdiges Leben« gebe.

Im Schlussvers des Berner Rätsels klingt dies nach, während der merkwürdige Hinweis, dass das Salz nicht nur die Lebenden, sondern auch die Toten stark mache (5), wohl ebenfalls auf Plinius zurückgeht. Dieser nämlich schreibt, dass Salz adstringierend und trocknend wirke und »sogar Leichname vor Fäulnis bewahrt, so dass sie sich über Jahrhunderte halten« (*nat.* 31, 98), womit offensichtlich die ägyptische Tradition der Mumifizierung gemeint ist, bei der man unter anderem Salz und Natron verwendete.

Auch das Salz-Rätsel des Angelsachsen Aldhelm (*Aenig.* 19: *Sal*) dreht sich um die Verwandlung des Meerwassers durch die feurige Hitze der Sonne. Dass das Thema alt und traditionell ist, zeigt die Parallele unter den Rätselepigrammen der *Griechischen Anthologie*: »Aus dem Wasser entstanden, hat mich die unsterbliche Sonne wieder verfestigt; ich sterbe aber nur durch die Mutter« (AP App. VII 81). Mit der christlichen Bildrede vom »Salz der Erde« (Mt 5,13) hingegen hat das Berner Rätsel nichts zu tun.

Himmlisches

55/57 Das erste der beiden **Sonnen**-Rätsel (Nr. 55: *De sole*) greift eingangs noch einmal die Eltern-Kind-Metaphorik auf, allerdings um auszudrücken, dass das sprechende Rätselding eben gerade nicht zur belebten Natur gehört (1–2). Die gattungstypischen Negationen (ohne Samen, keine Mutterbrust) setzen sich in den weiteren Zeilen fort: Auf ihrem Himmelsweg durchwandert die Sonne zwar ganze Landstriche, jedoch ohne dabei Spuren zu hinterlassen (4); auch hat sie – anders als alle Lebewesen – weder eine Seele noch einen Körper oder Glieder (5). Eingeschoben sind die Hinweise auf den immerwährenden Lauf der Sonne und deren Wirkung auf das terrestrische Leben. Zwar elternlos, jedoch täglich gleichsam »wiedergeboren« (1) wächst die Sonne im Jahres- und Tagesverlauf heran (2), um die Menschen mit ihrer Kraft und »Fruchtbarkeit« (*uberibus*, 3) zu erquicken. Das Paradox ist hier verstärkt durch die zweimalige Verwendung des Begriffs *uber* für die Mutterbrust (2) und, metonymisch, für die Fülle und Fruchtbarkeit, die die Sonne auf der Erde hervorruft (3). Dort hinterlässt sie auch ihre einzigen, flüchtigen Spuren in Form von Schatten, die »geflügelt« (6) sind, weil sie mit der Sonne wandern und so die Zeit wie im Flug vergeht.

Von der damit umschriebenen scheinbaren Immaterialität des fernen Gestirns wechselt das zweite Rätsel (Nr. 57: *De sole*) zu einer mehr kosmologischen Betrachtung und schildert die Sonne als kreisenden Planeten und einsamen Weltenwanderer, der geheimnisvoll entrückt und zugleich nah ist. Dabei begleiten die sechs Zeilen den Sonnenverlauf von der Nacht in den Tag und führen aus der Dunkelheit zuletzt ans Licht. Den Anfang macht die Beschreibung des nächtlichen Pfads der Sonne, die – so die Vorstellung – bei ihrer Erdumrundung nachts von uns abgewandte, unbewohnte Zonen und deren »Einöden« (2) durchläuft. Das Rätsel denkt dies von beiden Seiten her, denn so wie die Sonne für uns Menschen nachts »verborgen« bleibt, so kann diese unsere nächtliche Finsternis nicht sehen (1).

Eine Art Scharnier zwischen Nacht und Tag ist das mittlere Distichon mit seinem Vergleich zwischen der kosmischen Bewegung und der Tierwelt: Als Himmelskörper zieht die Sonne ihre Bahn vogelgleich »im Flug«, doch angesichts der enormen Distanz ist sie dabei schneller als jeder Vogel (3–4). Am Ende aber kehrt sich das Verhältnis zwischen dem Verborgenen und Sichtbaren um, denn sobald die Sonne tagsüber wieder vom Himmel strahlt und die »öffentlichen Plätze« erhellt, wird sichtbar und publik, was nächtens unentdeckt bliebe, und niemand wird es bei Tageslicht wagen, etwa einen Raub zu begehen (5–6).

Die Idee der unsichtbaren »entlegenen Einöden« (*longa ... avia*, 2) entspricht der antiken Theorie von den außerhalb der Oikumene liegenden wüsten Erdzonen, die Cicero (*rep.* 6, 20), Vergil (*georg.* 1, 231–256), Plinius (*nat.* 2, 171–172), Macrobius (*somn.* 2, 5, 29–35) und andere beschreiben. Traditionell ist auch die Vorstellung, dass sich die Himmelskörper und das ganze Weltall mit unermesslicher Geschwindigkeit bewegen (Cicero, *rep.* 6, 15 und *nat. deor.* 2, 97; Seneca, *nat.* 7, 9, 4; Plinius, *nat.* 2, 6 und 33).

58/59 Doppelt behandelt ist auch der **Mond**, dessen Bewegungen und wechselnden Phasen die Menschen schon immer genau beobachteten und für die Zeitmessung festhielten. Die zwei Rätsel unterscheiden sich kaum wesentlich voneinander; in beiden spricht der im Lateinischen feminine Mond, der als rastloser Wanderer auftritt und von seinem komplizierten und zyklischen Lauf durch das Himmelsgewölbe berichtet. Im ersten Fall (Nr. 58: *De luna*) führt diese »ständige Reise« (1) von der Höhe des Firmaments abwärts zu dessen tiefstem Punkt und wieder zurück, wobei die Bewegung nicht selbstständig ist, sondern der Mond von einer ungenannten Kraft »gezwungen« und »gezogen« wird (3–4). Das Auf und Ab beschreibt die unterschiedlichen Positionen des Mondes während eines siderischen Monats, bei dem der Mond den Tierkreis am Sternenhimmel durchläuft und dabei im Jahresverlauf bald hoch und bald tief über dem Horizont steht. Dass dies wechselweise geschieht, verweist auf die gleichzeitige synodische Umlaufzeit um die Erde, während der wir den Mond in seinen verschiedenen Phasen – vom Neu- zum Vollmond und zurück – sehen.

Eingewoben in die Zeilen ist der Gegensatz zwischen der »kurzen Dauer« (5) der Mondbewegungen – nämlich 27,3 und 29,5 Tage für den siderischen bzw. synodischen Umlauf – und dem »krummen Alter« (2 und 6), das der Mond rasch erreicht. Bezeichnet ist damit die Sichelgestalt des abnehmenden Mondes, dessen gekrümmter linker Teil für uns sichtbar ist, während der Rest zwar verborgen bleibt, aber trotzdem vorhanden ist, und so die vormalige »Kindheit« des zunehmenden Mondes ein Teil seines jetzigen »Alters« ist (6). Das Bild entspricht der lateinischen astrologischen Terminologie, die den abnehmenden Mond als *senescens* (wörtlich »alternd«) und seine Sichelform als *curvata* (»gekrümmt«) bezeichnet, wie dies etwa der ältere Plinius in seiner *Naturkunde* macht (*nat.* 2, 42).

Vom doppelten Mondzyklus und der nur partiell sichtbaren Himmelsbahn handelt auch das zweite Mond-Rätsel (Nr. 59: *De luna*). Die Weg-Metapher aus dem vorigen Anfangsvers (*multas vias ... currens*, 1) ist hier chiastisch wiederholt (*currens vias ... multas*, 3), und wenn es heißt, dass der Mond über das Jahr hinweg zweifach (*bis*, 4) an seinen Ausgangspunkt zurückkehrt, so bezieht sich dies wiederum auf die Überlagerung der siderischen mit den synodischen Perioden. Neu ist, dass unser irdisches Wetter dem entfernten Trabanten nichts anhaben kann: vor Kälte, Nässe, Blitz und Wind »geschützt«, kreist der Mond unter dem »starken Gewölbe« des Firmaments (5–6). Und auch wenn er, vermenschlicht, mit seinem »Gesicht« (2) einherschreitet und uns dabei näher als alle übrigen Gestirne ist, so bleibt er doch entrückt und entzieht sich immer wieder unseren Blicken.

60 Anthropomorphismen, Paradoxa und Gegensatzpaare, wie sie für die Berner Sammlung typisch sind, bestimmen das Rätsel vom **Himmel** (Nr. 60: *De caelo*). Der Himmel umfasst in der antiken Astronomie den gesamten Raum außerhalb der sublunaren Welt einschließlich der konzentrisch um die Erde rotierenden Sphären mit ihren Planeten und Fixsternen. Die je nach Jahres- und Tageszeit sichtbaren Gestirne sind im Rätsel jene nicht näher bezeichneten »Dinge«, mit denen der personifizierte Himmel – ähnlich dem mythischen Atlas – beladen ist, freilich ohne darunter zu leiden (4), denn anders als der Titan oder ein Mensch hat das sprechende Rätselding zwar ein Antlitz, jedoch keinen »Rücken« (5). Dass der Himmel dennoch »bekleidet« (*amictus*, 1) ist, verweist wohl auf die Wolken und anderen Wetterphänomene, die wir tagsüber in der Atmosphäre sehen, sobald der Himmel sein »Gesicht« (1) zeigt, womit die Taghelle gemeint ist, die die ungeliebte nächtliche Finsternis vertreibt und so die Welt verschönert (2).

Der Kontrast passt zu den negativen Konnotationen, die man seit alters mit der Nacht verband, wenn etwa Varro (*ling.* 6, 6) und mit ihm Isidor von Sevilla (*etym.* 5, 31, 1) erklären, dass sich der Name *nox* (Nacht) vom Verb *nocere* (schaden) herleite, oder wenn Juvenal (3, 268ff.; 10, 19–22) die tödlichen Gefahren der dunklen Nacht aufzählt. Dem entgegen setzt das Berner Rätsel positive Bilder von Anmut, Wunder, Staunen und Nähe: Den Menschen beschert der Himmel Schönheit und »zahllose wunderbare Dinge« (2–3), denn unter ihm gedeiht alles Irdische; auch macht er, dass wir sein wechselndes Aussehen »bestaunen« (5); und er gleicht einem schützenden »Dach«, unter dem alle – ob gut oder böse – Aufnahme finden (6).

62 Im Rätsel von den **Sternen** (Nr. 62: *De stellis*) ist das Himmelsgewölbe ein »Haus«, allerdings eines unter dessen Dach nicht weniger als tausend Geschwister wohnen, die weder wachsen noch altern und nie miteinander reden (1–3). Die stummen »Schwestern« (*sorores*, 1) bezeichnen die im Lateinischen femininen Fixsterne (*stellae fixae*), die – so die Vorstellung – fest an der Innenseite der äußersten Himmelsphäre haften. Seit Ptolemaios (2. Jh. n. Chr.) zählte man 1022 Fixsterne in sechs Größenklassen, die sich – anders als die zusätzlich um die Erde kreisenden Planeten – einzig mit der täglichen Rotation ihrer Sphäre bewegen und dabei ihre Konstellationen nicht verändern.

Dem entsprechen die verhüllten Angaben im Rätsel: Die unterschiedlich großen Sterne sind »tausend« (1) an der Zahl, und sie sind alterslos (2), nicht nur, weil sie wie alle Himmelskörper »ewig« sind (so etwa Plinius, *nat.* 2, 30), sondern auch, weil sie – anders als der alternde Mond im Rätsel 58 – keine Phasen durchlaufen, während sie lautlos und geordnet über das Firmament ziehen (3–4). Das abschließende Distichon treibt das Spiel mit den Anthropomorphismen noch weiter und verleiht den entrückten Sternen gar menschliche Gefühle. Zwischen den schönen (hellen) und hässlichen (blassen) Sternen herrscht zwar kein Neid, doch sind sie allesamt Nachtgestalten, die das Tageslicht »hassen« und stattdessen lieber »die Geheimnisse der Nacht« (*noctis secreta*) bestaunen (5–6).

Das Rätsel ist als einziges der Gruppe nicht in der Ich-Form geschrieben, sodass die Außensicht die der Menschen ist, die das nächtliche Lichterspiel am Sternenhimmel von der Erde aus beobachten. Dennoch kehrt der poetische Schluss die Perspektive um, denn nicht nur wir Menschen staunen, sondern selbst die Sterne am Nachthimmel, für die das kosmische Geschehen genauso geheimnisvoll bleibt wie für uns.

TABELLE 1
PARALLELEN: THEMEN

Bern		Symphosius	Aldhelm
1	*De olla* Topf	vgl. 81 *Lagena* Tonflasche	49 *Lebes* Kessel; 54 *Cocuma duplex* Kocher
2	*De lucerna* Öllampe	vgl. 67 *Lanterna* Laterne	vgl. 52 *Candela* Kerze
3	*De sale* Salz		19 *Salis* Salz
4	*De scamno* Schemel		
5	*De mensa* Tisch		
6	*De calice* Glasbecher		80 *Calix vitreus* Gläserner Trinkbecher
7	*De vesica* Tierblase	59 *Pila* Ball	
8	*De ovo* Ei	14 *Pullus in ovo* Küken im Ei	
9	*De mola* Mühlstein	51 *Mola* Mühlstein	66 *Mola* Mühlstein
10	*De scala* Leiter	78 *Scalae* Leiter	
11	*De nave* Schiff	13 *Navis* Schiff	
12	*De grano* Saatkorn		
13	*De vite* Weinrebe	53 *Vitis* Weinrebe	
14	*De oliva* Ölbaum		
15	*De palma* Dattelpalme		91 *Palma* Palme
16	*De cedria* Wacholderbeere		
17	*De cribro* Sieb		67 *Cribellus* (Mehl)sieb
18	*De scopa* Besen	79 *Scopa* Besen	
19	*De cera* Bienenwachs		vgl. 52 *Candela* Kerze; 32 *Pugillares* Wachstafeln
20	*De melle* Honig		
21	*De apibus* Biene		20 *Apis* Biene

Tatwin	Eusebius	Lorsch
	vgl. 28 *De candela* Kerze	
29 *De mensa* Tisch		
		5 *[De cupa vinaria]* Weinbecher
	vgl. 16 *De phlasca* Flasche	
	31 *De cera* Bienenwachs	

Bern		**Symphosius**	**Aldhelm**
22	*De ove* Schaf		
23	*De igne* Feuer	vgl. 76 *Silex* Feuerstein	44 *Ignis* Feuer; vgl. 93 *Scintilla* Funke
24 & 50A	*De membrana* Pergament		
25	*De litteris* Buchstaben		30 *Elementum* Alphabet
26	*De sinapi* Senf		
27	*De papiro* Papyrus		
28	*De sirico* Seide		vgl. 12 *Bombix* Seidenspinner
29	*De speculo* Spiegel	69 *Speculum* Spiegel	
30	*De pisce* Fisch	12 *Flumen et Picis* Fluss und Fisch	71 *Piscis* Fisch; vgl. 29 *Aqua* Wasser
31	*De nympha* Saugrohr	72 *Tubus* Wasserrohr	
32	*De spongia* Schwamm	63 *Spongia* Schwamm	
33	*De viola* Veilchen	46 *Viola* Veilchen	
34 & 52	*De rosa* Rose	45 *Rosa* Rose	
35	*De lilio* Lilie		
36	*De croco* Safran		
37	*De pipere* Pfeffer		40 *Piper* Pfeffer
38 & 42	*De glacie* Eis	10 *Glacies* Eis	
39	*De hedera* Efeu		
40	*De muscipula* Mausefalle	vgl. 25 *Mus* Maus	
41	*De vento* Wind		2 *Ventus* Wind
42	*De glacie* Eis	siehe Bern Nr. 38	
43	*De vermicolis siricis formatis* Seidenspinner		12 *Bombix* Seidenspinner

Tatwin	Eusebius	Lorsch
33 *De igne* fire; vgl. 31 *De scintilla* Funke	vgl. 8 *De vento et igne* Wind und Feuer; 15 *De igne et aqua* Feuer und Wind	
5 *De membrano* Pergament	32 *De membrano* Pergament	
4 *De litteris* Buchstaben	7 *De littera* Buchstaben; vgl. 19 *De v littera* Buchstabe u/v; 39 *De i littera* Buchstabe i	
	40 *De pisce* Fisch	
15 *De nive, grandine et glacie*, Schnee, Hagel und Eis		4 *[De glacie]* Eis
	8 *De vento et igne* Wind und Feuer	

Bern		Symphosius	Aldhelm
44	*De margarita* Perle		
45	*De terra* Erde		1 *Terra* Erde
46	*De malleo* Hammer	86 *Malleus* Hammer	
47	*De castanea* Kastanie		
48	*[De nuce]* Walnuss		
49	*De pluvia* Regen	9 *Pluvia* Regen	vgl. 3 *Nubes* Wolke
50 & 63	*De vino* Wein	82 *Conditum* Würzwein	
50A	*[De membrana]* Pergament	siehe Bern Nr. 24	
51	*De alio* Knoblauch	vgl. 94 *Luscus alium vendens* einäugiger Knoblauchverkäufer	
52	*De rosa* Rose	siehe Nr. 34	
53	*[De pistillo]* Mörserkeule	87 *Pistillus* Mörserkeule	
54	*[De follibus]* Blasebalg und Geldbeutel	73 *Follis* Blasebalg	11 *Poalum* Blasebalg
55 & 57	*De sole* Sonne		79 *Sol et luna* Sonne und Mond
56	*De verbo* Wort		
57	*De sole* Sonne	siehe Bern Nr. 55	
58 & 59	*De luna* Mond		6 *Luna* moon; 79 *Sol et luna* Sonne und Mond
60	*De caelo* Himmel		
61	*De umbra* Schatten	97 *Umbra* Schatten	
62	*De stellis* Sterne		vgl. 8 *Pliades* Plejaden; 53 *Arcturus*; 58 *Vesper sidus* Abendstern; 81 *Lucifer* Morgenstern
63	*De vino* Wein	siehe Bern Nr. 50	

Tatwin	Eusebius	Lorsch
	6 *De terra* Erde; 21 *De terra et mare* Erde und Meer	
		7 *[De castanea]* Kastanie
		vgl. 3 *[De nube]* Wolke
vgl. 40 *De radiis solis* Sonnenstrahlen	10 *De sole* Sonne	
vgl. 16 *De prepositione utriusque casus* Präposition mit zwei Kasus	vgl. 22 *De sermone* Rede	
	5 *De caelo* Himmel	

TABELLE 2
PARALLELEN: SPRACHLICHES

Bern		Symphosius	
2, 1–2, 4	Me mater novellam vetus de germine finxit Et in nullo patris formata sumo figuram ... Patulo sed flammas ore produco coruscas (*De lucerna*, Öllampe)		
3, 1	Me pater ignitus, ut nascar, creat urendo (*De sale*, Salz)		
5, 1, 4, 6	Pulchra mater ego natos dum collego multos ... Vestibus exutam turpi me modo relinquunt ... Quos lactavi, nudam pede per angula versant (*De mensa*, Tisch)		
6, 3, 6	Ignem fero nascens, natus ab igne fatigor ... Et amica libens oscula porrego cunctis (*De calice*, Glasbecher)	47, 1	Dulcis odor nemoris, flamma fumoque fatigor (*Tus*, Weihrauch)
9, 3	Vitam dabo cunctis, vitam si tulero multis (*De mola*, Mühlstein)		
10, 3–4	Gemina sed soror meo si latere iungat, Coeptum valet iter velox percurrere quisquis (*De scala*, Leiter)	38, 2	Iunctaque sum vento, quae sum velocior ipso (*Tigris*, Tiger)
11, 6	Et onusta currens viam nec planta depingo (*De nave*, Schiff)	13, 3	Curro vias multas, vestigia nulla relinquens (*Navis*, Schiff)
19, 1–2	Dissimilem sibi me mater concipit infra Et nullo virili creta de semine fundor (*De cera*, Bienenwachs)	37, 1	Dissimilis patri [*var. lect.* matri], matri [*var. lect.* patri], diversa figura (*Mula*, Maultier)

Aldhelm		Tatwin	
44, 1 52, 5	Me pater et mater gelido genuere rigore (*Ignis*, Feuer) Quae flammasque focosque laremque vomentia fundunt (*Candela*, Kerze)		
19, 3	Torrida dum calidos patior tormenta per ignes (*Salis*, Salz)		
52, 8	Reliquias cinerum mox viscera tosta relinquunt. (*Candela*, Kerze)	29, 3, 5	Esse tamen pulchris fatim dum vestibus orner … Raptis nudata exuviis mox membra relinquunt (*De mensa*, Tisch)
80, 7	Sed mentes muto, dum labris oscula trado (*Calix vitreus*, Glasbecher)		
66, 2	Quae damus ex nostro cunctis alimenta labore (*Mola*, Mühlstein)		
20, 1	Mirificis formata modis, sine semine creta (*Apis*, Biene)		

Bern		Symphosius	
22, 1, 4	Exigua mihi virtus, sed magna facultas ... Et ieiuna saepe cogor exsolvere censum (*De ove*, Schaf)	34, 1 46, 1 73, 3	Exiguum corpus sed cor mihi corpore maius (*Vulpes*, Fuchs) Magna quidem non sum, sed inest mihi maxima virtus (*Viola*, Veilchen) et mihi nunc magna est animae, nunc nulla facultas (*Follis*, Blasebalg)
23, 1–3, 5	Durus mihi pater, dura me generat mater, Verbere nam multo huius de viscere fundor. Modica prolatus feror a ventre figura ... Durum ego patrem duramque mollio matrem (*De igne*, Feuer)	76a, 1	Virtus magna mihi duro mollitur ab igne (*Silex*, Feuerstein)
25, 1–2, 4, 6	Nascimur albenti loco sed nigrae sorores; Tres unito simul nos creant ictu parentes ... Meritumque dispar vox et diversa sonandi ... Nec una responsum dat sine pari roganti (*De litteris*, Buchstaben)	98, 3	ultro nolo loqui, sed do responsa loquenti (*Echo*)
26, 5	Verbere correptus saepe si giro fatigor (*De sinapi*, Senf)	47, 1	Dulcis odor nemoris, flamma fumoque fatigor (*Tus*, Weihrauch)
27, 5	Filius profundi dum fior lucis amicus (*De papiro*, Papyrus)	2, 1	Dulcis amica dei, ripae vicina profundae (*Harundo*, Schilfrohr)
29, 4, 6	Sed petenti vanas diffundo visu figuras ... Sed de vero suas videnti dirigo formas (*De speculo*, Spiegel)	69, 1, 3	Nulla mihi certa est, nulla est peregrina figura ... qui nihil ostendit nisi si quid viderit ante (*Speculum*, Spiegel)

Aldhelm		Tatwin	
		7, 4 36, 2	Et cesus cogor late persolvere planctum (*De tintinno*, Glocke) Nam geminis captus manibus persolvere cogor (*De ventilabro*, Worfelschaufel)
9, 3 33, 1 44, 1 93, 10	Virtus indomiti mollescit dura rigoris (*Adamas*, Diamant) Roscida me genuit gelido de viscere tellus (*Lorica*, Panzerhemd) Me pater et mater gelido genuere rigore (*Ignis*, Feuer) Frigida dum genetrix dura generaret ab alvo (*Scintilla*, Funke)	11, 1 31, 2, 4 39, 1	Torrens me genuit fornax de viscere flamme (*De acu*, Nadel) Nam nasci gelido natum de viscere matris ... Ipse tamen mansit vivens in ventre sepultus (*De scintilla*, Funke) Natam me gelido terre de viscere dicunt (*De coticulo*, Wetzstein)
30, 1, 5, 7	Nos decem et septem genitae sine voce sorores ... Terni nos fratres incerta matre crearunt ... Tum cito prompta damus rogitanti verba silenter (*Elementum*, Alphabet)	4, 4	Sed tamen apta damus cunctis responsaque certa (*De litteris*, Buchstaben)

Bern		Symphosius	
30, 3	Vita mihi mors est, mortem pro vita requiro (*De pisce*, Fisch)	31, 1	Vita mihi mors est, morior si coepero nasci (*Phoenix*, Phönix)
32, 1–2, 4–5	Dissimilem sibi dat mihi mater figuram; Caro nulla mihi, sed viscera cava latebris ... Et quae me concepit, hanc ego genero postquam. Manu capta levis, gravis sum manu dimissa (*De spongia*, Schwamm)	7, 3 37, 1 63, 1–2	et qui me genuit, sine me non nascitur ipse (*Fumus*, Rauch) Dissimilis patri [*var. lect.* matri], matri [*var. lect.* patri], diversa figura (*Mula*, Maultier) Ipsa gravis non sum, sed aquae mihi pondus inhaeret; viscera tota tument patulis diffusa cavernis (*Spongia*, Schwamm)
33, 5	Me reddet inlustrem parvo de corpore sumptus (*De viola*, Veilchen)	46, 2	spiritus est magnus, quamvis sim corpore parvo (*Viola*, Veilchen)
37, 1, 3, 5	Pereger externas vinctus perambulo terras ... Nulla mihi virtus, sospes si mansero semper ... Mordeo mordentem morsu nec vulnero dente (*De pipere*, Pfeffer)	69, 1 44, 1–3	Nulla mihi certa est, nulla est peregrina figura (*Speculum*, Spiegel) Mordeo mordentes, ultro non mordeo quemquam. Sed sunt mordentem multi mordere parati: nemo timet morsum, dentes quia non habet ullos (*Cepa*, Zwiebel)
39, 2	Corpore nam mollis duros disrumpo parentes (*De hedera*, Efeu)	76a, 1	Virtus magna mihi duro mollitur ab igne (*Silex*, Feuerstein)
41, 3–5	Os est mihi nullum, dente nec vulnero quemquam, Mordeo sed cunctos silvis campisque morantes. Cernere me quisquam nequit aut nectere vinclis (*De vento*, Wind)	44, 1, 3	Mordeo mordentes, ultro non mordeo quemquam ... nemo timet morsum, dentes quia non habet ullos (*Cepa*, Zwiebel)

Aldhelm		**Tatwin**	
40, 5 46, 1	Sed me subnixum nulla virtute videbis (*Piper*, Pfeffer) Torqueo torquentes, sed nullum torqueo sponte (*Urtica*, Brennnessel)	7, 6 23, 3	Mordeo mordentem labris mox dentibus absque (*De tintinno*, Glocke) Sed multi evadunt binorum vulnera dentum (*De trina morte*; Dreifacher Tod)
9, 3	Virtus indomiti mollescit dura rigoris (*Adamas*, Diamant)		
2, 1 46, 1	Cernere me nulli possunt nec prendere palmis (*Ventus*, Wind) Torqueo torquentes, sed nullum torqueo sponte (*Urtica*, Brennnessel)	2, 5 7, 6	Cernere que nullus nec pandere septa valebit (*De spe, fide et caritate*, Hoffnung, Glaube und Liebe) Mordeo mordentem labris mox dentibus absque (*De tintinno*, Glocke)

Bern		Symphosius	
44, 6	Sed calore semper molli sopita fatigor (*De margarita*, Perlmuschel)	47, 1	Dulcis odor nemoris, flamma fumoque fatigor (*Tus*, Weihrauch)
46, 1–2	Una mihi toto cervix pro corpore constat, Et duo libenter nascuntur capita collo (*De malleo*, Hammer)	87, 2–3	Una mihi cervix, capitum sed forma duorum: pro pedibus caput est, nam cetera corporis absunt (*Pistillus*, Mörserkeule)
48, 2	Pandere quas paucis deposcit ratio verbis (*[De nuce]*, Walnuss)		
52, 1	Mollis ego duros de corde genero natos (*De rosa*, Rose)	76a, 1	Virtus magna mihi duro mollitur ab igne (*Silex*, Feuerstein)
55, 1, 4	Semine nec ullo patris creatus renascor ... Vestigia nulla figens perambulo terras (*De sole*, Sonne)	13, 3	Curro vias multas, vestigia nulla relinquens (*Navis*, Schiff)
56, 1, 3	Una mihi soror, unus et ego sorori ... Numquam uno simul toro coniungimur ambo (*De verbo*, Wort)	61, 1 85, 2	Mucro mihi geminus ferro coniungitur uno (*Anchora*, Anker) Una mihi soror est, plures licet esse putentur (*Perna*, Schinken)
57, 5	Vix auferre praedam me coram latro valebit (*De sole*, Sonne)		

Aldhelm		Tatwin	
		23, 3 40, 4	Sed multi evadunt binorum vulnera dentum (*De trina morte*; Dreifacher Tod) Cernere me tremulo possunt in culmine celi (*De radiis solis*, Sonnenstrahlen)
41, 2 81, 10 100, 81	Credula sed nostris pande praecordia verbis (*Pulvillus*, Kissen) Gnarus quos poterit per biblos pandere lector (*Lucifer*, Morgenstern) Pandere quae poterit gnarus vix ore magister (*Creatura*, Schöpfung)	2, 5	Cernere que nullus nec pandere septa valebit (*De spe, fide et caritate*, Hoffnung, Glaube und Liebe)
9, 3	Virtus indomiti mollescit dura rigoris (*Adamas*, Diamant)		
20, 1	Mirificis formata modis, sine semine creta (*Apis*, Biene)		
		16, 4	Sicque vicissim bis bine coniungimur ambis (*De prepositione utriusque casus*, Präposition mit zwei Kasus)
97, 9	Diri latrones me semper amare solebant (*Nox*, Nacht)		

Bern		Symphosius	
58, 1	Assiduo multas vias itinere currens (*De luna*, Mond)	13, 3	Curro vias multas, vestigia nulla relinquens (*Navis*, Schiff)
59, 3	Cottidie currens vias perambulo multas (*De luna*, Mond)	13, 3	Curro vias multas, vestigia nulla relinquens (*Navis*, Schiff)

Aldhelm		**Tatwin**	

BIBLIOGRAFIE

Nachschlagewerke

Der Neue Pauly, hg. H. Cancik u. a., 19 Bde., Stuttgart 1996–2003.

Dictionnaire des antiquités grecques et romaines d'après les textes et les monuments, hg. C. Daremberg u. a., 10 Bde., Paris 1877–1919.

Lexikon des Mittelalters, hg. R. Auty u. a., 10 Bde., München 1980–1999.

Paulys Real-Encyclopädie der classischen Altertumswissenschaft. Neue Bearbeitung, hg. G. Wissowa u. a., 34 Bde. u. 15 Suppl.-Bde., Stuttgart 1894–1978.

Reallexikon für Antike und Christentum: Sachwörterbuch zur Auseinandersetzung des Christentums mit der antiken Welt, hg. T. Klauser u. a., Bd. 1ff., Stuttgart 1950ff.

The Oxford Classical Dictionary, 3. Aufl., hg. S. Hornblower u. A. Spawforth, Oxford 1996.

The Oxford Dictionary of Late Antiquity, hg. O. Nicholson, 2 Bde., Oxford 2018.

The Oxford Dictionary of the Middle Ages, hg. R. E. Bjork, 4 Bde., Oxford 2010.

Textausgaben, Übersetzungen und Forschungsliteratur

Bergamin, M. (Hg.), *Aenigmata Symposii: La Fondazione dell'enigmistica come genere poetico*, Firenze 2005 [kritischer Text der Rätsel des Symphosius].

Bernt, G., *Das lateinische Epigramm im Übergang von der Spätantike zum frühen Mittelalter*, München 1968.

Beyerle, F. (Hg. u. Übers.), *Die Gesetze der Langobarden*, Weimar 1947.

Bischoff, B., Panorama der Handschriftenüberlieferung aus der Zeit Karls des Großen, *Karl der Große: Lebenswerk und Nachleben*, Bd. 2: *Das geistige Leben*, hg. B. Bischoff, Düsseldorf 1965, 233–254.

Bischoff, B. (Hg.), *Anecdota novissima: Texte des vierten bis sechzehnten Jahrhunderts*, Quellen und Untersuchungen zur lateinischen Philologie des Mittelalters 7, Stuttgart 1984.

Bischoff, B., *Katalog der festländischen Handschriften des neunten Jahrhunderts (mit Ausnahme der wisigotischen)*, hg. B. Ebersperger, 5 Bde., Wiesbaden 1998–2017.

Bitterli, D., *Say What I Am Called: The Old English Riddles of the Exeter Book and the Anglo-Latin Riddle Tradition*, Toronto 2009.

Bolton, W. F., Pre-Conquest Anglo-Latin: Perspectives and Prospects, *Comparative Literature* 23 (1971), 151–166.

Bourgain, P., Les manuscrits de poésie rythmique de Paris, *Poesia dell'alto medioevo europeo: manoscritti, lingua e musica dei ritmi latini: Atti delle euroconferenze per il Corpus dei ritmi latini (IV–IX sec.), Arezzo 6–7 novembre 1998 e Ravello 9–12 settembre 1999*, hg. F. Stella, Firenze 2001, 263–273.

Brandt, P. (Hg.), Aenigmata Latina hexasticha, *Tirocinium philologum sodalium Regii Seminarii Bonnensis*, Berlin 1883, 101–134.

Brunhölzl, F., *Geschichte der lateinischen Literatur des Mittelalters*, Bd. 1: *Von Cassiodor bis zum Ausklang der karolingischen Erneuerung*, München 1975.

Bryant, M. (Hg.), *Dictionary of Riddles*, London 1990.

Choulant, L. (Hg.), *Macer Floridus* [i.e. Odo von Meung] *de viribus herbarum*, Leipzig 1832, 3–140.

CLA = Loewe, E. A., *Codices Latini Antiquiores: A Palaeographical Guide to Latin Manuscripts Prior to the Ninth Century*, 12 Bde., Oxford 1934–1971.

Czifra, N., Die Bibliothek des Benediktinerstiftes Göttweig: Aspekte der Bestandsgeschichte, Vom Schreiben und Sammeln, *Einblicke in die Göttweiger Bibliotheksgeschichte*, hg. A. Breith, St. Pölten 2021, 13–62.

D'Angelo, E., Symphosii Aenigmata, *La trasmissione dei latini del medioevo: Medieval Latin Texts and their Transmission*, hg. P. Chiesa u. L. Castaldi, Firenze 2004, 415–418.

Dronke, P., Generi letterari della poesia ritmica altomedievale, *Poesia dell'alto medioevo europeo: Manoscritti, lingua e musica dei ritmi latini*, hg. F. Stella, Firenze 2000, 171–185 [wieder in P. Dronke, *Forms and Imaginings from Antiquity to the Fifteenth Century*, Rom 2007, 175–189].

Dümmler, E. (Hg.), *Poetae Latini medii aevi, tomus I*, Monumenta Germaniae historica: Poetae Latini medii aevi 1, Berlin, 1826 [kritischer Text der Rätsel des Bonifatius und der *Lorscher Rätsel*].

Ebert, A., Über die Räthselpoesie der Angelsachsen, insbesondere die Aenigmata des Tatwine und Eusebius, *Berichte über die Verhandlungen der königlich sächsischen Gesellschaft der Wissenschaften zu Leipzig, philologisch-historische Classe* 29 (1877), 20–56 [kritischer Text der Rätsel Tatwins und Eusebius'].

Ehwald, R. (Hg.), *Aldhelmi opera*, Monumenta Germaniae Historica: Auctores Antiquissimi 15, Berlin 1919 [kritischer Text der Rätsel Aldhelms].

Erhardt-Siebold, E. v., *Die lateinischen Rätsel der Angelsachsen: Ein Beitrag zur Kulturgeschichte Altenglands*, Heidelberg 1925.

Everett, N., *Literacy in Lombard Italy, c. 568–774*, Cambridge 2003.

Fank, P., *Catalogus Voraviensis seu Codices manuscripti Bibliothecae Canoniae in Vorau*, Graz 1936.

Farina, G., *Indovina chi sono: Per uno studio degli Aenigmata Tullii*, Cargeghe 2020.

Finch, C. E., The Bern Riddles in Codex Vat. Reg. Lat. 1553, *Transactions and Proceedings of the American Philological Association* 92 (1961), 145–155.

Finch, C. E., The Riddles in Cod. Barb. Lat. 1717 and Newberry Case MS f 11, *Manuscripta* 17 (1973), 3–11.

Fingernagel, A., u. a., *Mitteleuropäische Schulen II (ca. 1350–1410): Österreich, Deutschland, Schweiz*, Die illuminierten Handschriften und Inkunabeln der Österreichischen Nationalbibliothek 11: Textband, Wien 2002.

Garbini, P., Gli oggetti nella poesia enigmistica latina dell'Alto Medioevo, *Studi di letteratura italiana: In memoria di Achille Tartaro*, hg. G. Natali u. P. Stoppelli, Rom 2009, 23–37.

Ganz, D., In the Circle of the Bishop of Bourges: Bern 611 and Late Merovingian Culture, *East and West in the Early Middle Ages: The Merovingian Kingdoms in Mediterranean Perspective*, hg. S. Esders u. a., Cambridge 2019, 265–280.

Glorie, F. (Hg.), *Collectiones Aenigmatum Merovingicae Aetatis*, 2 Bde., Corpus Christianorum, Series Latina 133, 133A, Turnhout 1968 [kritischer Text der Rätsel Tatwins und Eusebius' und anderer Sammlungen].

Hagen, H., *Antike und mittelalterliche Räthselpoesie mit Benutzung noch nicht veröffentlichter Quellen aus dem Handschriften-Bibliotheken zu Bern und Einsiedeln*, Biel 1869 (2. Aufl. 1877).

Haupt, M., Über eine Handschrift der Leipziger Stadtbibliothek, *Berichte über die Verhandlungen der Königlich Sächsischen Gesellschaft der Wissenschaften zu Leipzig, Philologisch-Historische Klasse* 2 (1850), 1–16.

Hennings, T., *Ostfränkische Sammlungen von Dichtung im 9. Jahrhundert*, Göttingen 2021.

Klein, T., *Pater Occultus*: The Latin Bern Riddles and Their Place in Early Medieval Riddling, *Neophilologus* 103 (2019), 399–417.

Klopsch, P., *Einführung in die mittellateinische Verslehre*, Darmstadt 1972.

Klopsch, P., Der Übergang von quantitierender zu akzentuierender lateinischer Dichtung, *Metrik und Medienwechsel: Metrics and Media*, hg. H. C. Tristram, Tübingen 1991, 95–106.

König, R., G. Winkler, K. Brodersen u. a. (Hg.), *C. Plinius Secundus d. Ä.: Naturalis historia libri XXXVII: Naturkunde: Lateinisch-deutsch*, 32 Bde., teilw. 2. Aufl. München 1973–2004.

Krusch, B. (Hg.), *Monumenta Germaniae Historica: Scriptores rerum Merovingicarum* 4, Hannover 1902.

Lapidge, M., Tatwine, *Oxford Dictionary of National Biography*, online edition 2004, https://www.oxforddnb.com

Lapidge, M., Aldhelmus Malmesberiensis abb. et Sciréburnensis ep., *La trasmissione dei testi latini del Medioevo: Medieval Latin Texts and Their Transmission*, hg. P. Chiesa u. L. Castaldi, Firenze 2012, 14–38.

Lapidge, M., u. J. L. Rosier (Übers.), *Aldhelm: The Poetic Works*, Cambridge 1985.

Law, V., *The History of Linguistics in Europe from Plato to 1600*, Cambridge 2003.

Leary, T. J. (Hg.), *Symphosius: The Aenigmata: An Introduction, Text and Commentary*, London 2014 [kritischer Text der Rätsel des Symphosius].

Lehmann, P., *Mittelalterliche Bibliothekskataloge Deutschlands und der Schweiz*, Bd. 1: *Die Bistümer Konstanz und Chur*, München 1918.

Lindsay, W. M. (Hg.), *Isidori Hispalensis episcopi Etymologiarum sive originum libri XX*, 2 Bde., Oxford 1911.

Löfstedt, B., Zur Grammatik des Asper Minor, *Latin Script and Letters A.D. 400–900: Festschrift Presented to Ludwig Bieler on the Occasion of his 70th Birthday*, hg. J. J. O'Meara u. a., Leiden 1976, 132–140.

Maggioni, G. P., Il genere letterario degli *Aenigmata* nella letteratura latina medievale, *Ainigma e griphos: Gli antichi e l'oscurità della parola*, hg. S. Monda, Pisa 2012, 183–226.

Mairold, M., *Die datierten Handschriften in der Steiermark außerhalb der Universitätsbibliothek Graz bis zum Jahre 1600*. 2 Bde., Wien 1988.

Manitius, M., *Geschichte der christlich-lateinischen Poesie bis zur Mitte des 8. Jahrhunderts*, Stuttgart 1891.

Manitius, M., *Geschichte der lateinischen Literatur des Mittelalters*, Bd. 1, München 1911.

Meyer, W., Über die lateinischen Rythmen, *Gesammelte Abhandlungen zur mittellateinischen Rythmik*, Bd. 1, Berlin 1905, 170–338 [zuerst in *Sitzungsberichte der philosophisch-philologischen und historischen Classe der königlichen bayerischen Akademie der Wissenschaften zu München* 1 (1882), 41–192].

Meyer, W., Anfang und Ursprung der lateinischen und griechischen rythmischen Dichtung, *Gesammelte Abhandlungen zur mittellateinischen Rythmik*, Bd. 2, Berlin 1905, 1–201 [enthält S. 155–179 Meyers Ausgabe der Berner Rätsel als Beilage III: »Sechszeilige Räthsel in rythmischen Hexametern«; zuerst in *Abhandlungen der philosophisch-philologischen Classe der königlichen bayerischen Akademie der Wissenschaften* 17 (1886), 265–447].

Mittenhuber, F., Die Berner Physiologus-Handschriften: Drei Bücher, drei Geschichten, *Christus in natura. Quellen, Hermeneutik und Rezeption des Physiologus*, hg. Z. Kindschi Garský u. R. Hirsch-Luipold, Berlin 2019, 177–188.

Mogford, N., The Moon and Stars in the Bern and Eusebius Riddles, *Riddles at Work in the Early Medieval Tradition: Words, Ideas, Interactions*, hg. M. Cavell u. J. Neville, Manchester 2020, 230–246.

Mogford, N., The Bern Riddles, *The Riddle Ages: Early Medieval Riddles, Trans-*

lations and Commentaries, hg. u. übers. M. Cavell u. a., 2013, redeveloped 2020, https://theriddleages.com.

Mone, F. J. (Hg.), Lateinische Räthsel, *Anzeiger für Kunde der teutschen Vorzeit* 8 (1839), 218–229.

Naumann, A. G. R., *Catalogus librorum manuscriptorum qui in Bibliotheca Senatoria Civitatis Lipsiensis asservantur*, Grimma 1838.

Neff, K. (Hg.), *Die Gedichte des Paulus Diaconus: Kritische und erklärende Ausgabe*, Quellen und Untersuchungen zur lateinischen Philologie des Mittelalters 3.4, München 1908.

Norberg, D., *Beiträge zur spätlateinischen Syntax*, Uppsala 1944.

Norberg, D., *La poésie latine rythmique du haut moyen âge*, Stockholm 1954.

Norberg, D., *Introduction à l'étude de la versification latine médiévale*, Stockholm 1958.

Norberg, D., Le développement du latin en Italie de Saint Grégoire le Grand à Paul Diacre, *Caratteri del secolo 7 in occidente*, Settimane di studio del Centro italiano di studi sull'alto medioevo 5, Spoleto 1958, 485–503.

Ohlert, K., *Rätsel und Rätselspiele bei den Griechen*, 2 Aufl. Berlin 1912.

Orchard, A. (Hg. u. Übers.), *The Old English and Anglo-Latin Riddle Tradition* und *A Commentary on the Old English and Anglo-Latin Riddle Tradition*, Cambridge, Mass., und Washington, DC, 2021.

Pavlovskis, Z., The Riddler's Microcosm: From Symphosius to St. Boniface, *Classica et Medievalia* 39 (1988), 219–51.

Pellegrin, E., u. a., *Les manuscrits classiques latins de la Bibliothèque vaticane*, Bd. II.1, Paris 1978.

Polara, G., *Letteratura latina tardoantica e altomedievale*, Rom 1987.

Polara, G., Aenigmata, *Lo spazio letterario del medioevo*, Bd. 1.1.2: *Il medioevo latino: La produzione del testo*, hg. G. Cavallo u. a., Rom 1993, 197–216.

Polara, G., Il secolo VII, *Letteratura latina medievale (secoli VI–XV): Un manuale*, hg. C. Leonardi, Bottai 2022, 17–40.

Riché, P., *Éducation et culture dans l'Occident barbare, VIe–VIIIe siècle*, 4. Aufl., Paris 1995.

Richter, M., *Bobbio in the Early Middle Ages: The Abiding Legacy of Columbanus*, Dublin 2008.

Riese, A. (Hg.), *Anthologia Latina sive poesis Latinae supplementum*, Bd. I.1–2, Leipzig 1869–1870; 2. Aufl. Leipzig 1894–1906.

Rose, V., *Verzeichniss* [sic] *der Lateinischen Handschriften*, Die Handschriften-Verzeichnisse der Königlichen Bibliothek zu Berlin 12, Berlin 1893.

Saenger, P., *A Catalogue of the pre-1500 Western Manuscript Books at the Newberry Library*, Chicago 1989.

Salvador Bello, M., *Isidorean Perceptions of Order: The Exeter Book Riddles and Medieval Latin Enigmata*, Morgantown 2015.

Schneider, L., *Untersuchungen zu antiken griechischen Rätseln*, 2 Bde., Berlin 2020.

Sebo, E. M., *In Enigmate: The History of a Riddle, 400–1500*, Dublin 2018.

Silagi, G, Berner Rätsel, *Lexikon des Mittelalters*, hg. R. Auty u. a., Bd. 1, München u. Zürich 1980, 1981–1982.

Smolak, K., Literarische Kultur in langobardischen Rhythmen, *Die Langobarden: Herrschaft und Identität*, hg. W. Pohl u. P. Erhart, Wien 2005, 533–545 [zuerst als La cultura letteraria dei ritmi longobardi, *La poesia tardoantica e medievale: Atti del II Convegno internazionale di studi Perugia, 15–16 novembre 2001*, hg. A. M. Taragna, Alessandria 2004, 43–59].

Socas, F. (Übers.), *Antología latina: Repertorio de poemas extraído de códices y libros impresos*, Madrid 2011.

Sorrell, P., Oaks, Ships, Riddles and the Old English Rune Poem, *Anglo-Saxon England*, 19 (1990), 103–116.

Spevak, O. (Hg.), *Isidore de Séville: Etymologies, livre I: La grammaire*, Paris 2020.

Stella, F. (Hg.), *La poesia carolingia*, Florenz 1995.

Stotz, P., *Handbuch zur lateinischen Sprache des Mittelalters*, 5 Bde., München 1996–2004.

Strecker, K. (Hg.), *Rhythmi aevi Merovingici et Carolini*, Monumenta Germaniae Historica: Poetae Latini Aevi Carolini 4.2, Berlin 1914; zusammen mit Fasz. 4.3, Berlin 1923.

Taylor, A., *The Literary Riddle before 1600*. Berkeley u. Los Angeles 1948.

Thurneysen, R., Der Weg vom dactylischen Hexameter zum epischen Zehnsilber der Franzosen, *Zeitschrift für romanische Philologie* 11 (1887), 305–326.

Tomasek, T., *Das deutsche Rätsel im Mittelalter*, Tübingen 1994.

Villa, C., u. F. Lo Monaco, Cultura e scrittura nell'Italia longobardo, *Die Langobarden: Herrschaft und Identität*, hg. W. Pohl u. P. Erhart, Wien 2005, 503–523.

Winterfeld, P. v., Observationes criticae, *Philologus* 58 (1899), 281–303.

Wright, Ch. D., u. R. Wright, Additions to the Bobbio Missal: *De dies malus* and *Joca monachorum* (fols. 6r–8v), *The Bobbio Missal: Liturgy and Religious Culture in Merovingian Gaul*, hg. Y. Hen u. R. Meens, Cambridge 2004, 79–139.

Ziegler, C., *Zisterzienserstift Zwettl: Katalog der Handschriften des Mittelalters: Teil I: Codex 1–100*, Wien u. München 1992.

Ausgewählte Literatur zu den Themengebieten

André, J., *Essen und Trinken im alten Rom*, Stuttgart 1998 (zuerst als *L'alimentation et la cuisine à Rome*, Paris 1981).

André, J., *Les noms des plantes dans la Rome antique*, Paris 1985.

Bergier, J.-F., *Die Geschichte vom Salz*, Zürich 1989 (zuerst als *Une histoire du sel*, Fribourg 1982).

Blanck, H., *Das Buch in der Antike*, München 1992.

Böhme, G. u. H., *Feuer, Wasser, Erde, Luft: eine Kulturgeschichte der Elemente*, 3. Aufl. München 2014.

Brogiolo, G. P., u. a. (Hg.), *Longobardi: Un popolo che cambia la storia*, Mailand 2017.

Brothwell, R. u. D., *Manna und Hirse: Eine Kulturgeschichte der Ernährung*, Mainz 1984 (zuerst als *Food in Antiquity*, London 1969).

Büll, R., *Das große Buch vom Wachs: Geschichte, Kultur, Technik*, München 1977.

Cech, B., *Technik in der Antike*, Darmstadt 2010.

Christie, N., *The Lombards: The Ancient Longobards*, Oxford 1995.

Claude, D., *Der Handel im westlichen Mittelmeer während des Frühmittelalters*, Göttingen 1985.

Cohen, J. J., u. L. Duckert (Hgg.), *Elemental Ecocriticism: Thinking with Earth, Air, Water, and Fire*, Minneapolis 2015.

Crane, E., *The World History of Beekeeping and Honey Hunting*, New York 1999.

Eastwood, B. S., Early-Medieval Cosmology, Astronomy, and Mathematics, *Medieval Science*, hg. D. C. Lindberg u. M. H. Shank, New York 2013, 302–322.

Edson, E., E. Savage-Smith u. A.-D. von den Brincken, *Der mittelalterliche Kosmos*, Darmstadt 2005 (zuerst als *Medieval Views of the Cosmos*, Oxford 2004).

Erhardt-Siebold, E. v., Aldhelm in Possession of the Secrets of Sericulture, *Anglia* 60 (1936), 384–389.

Evans, J., *The History and Practice of Ancient Astronomy*, New York 1998.

Feltwell, J., *The Story of Silk*, Stroud 1990.

Flach, D., *Römische Agrargeschichte*, München 1990.

Forbes, R. J., *Studies in Ancient Technology*, Bd. 3, Leiden 1965.

Hagenow, G., *Aus dem Weingarten der Antike: Der Wein in Dichtung, Brauchtum und Alltag*, Mainz 1982.

Hayes, J. W., *Handbook of Mediterranean Roman Pottery*, London 1997.

Hehn, V., *Kulturpflanzen und Haustiere in ihrem Übergang aus Asien nach Griechenland und Italien sowie das übrige Europa*, 8. Aufl. Berlin 1911.

Heimberg, U., *Villa rustica: Leben und Arbeiten auf römischen Landgütern*, Darmstadt 2011.

Hessen, O. v., *Die langobardische Keramik aus Italien*, Wiesbaden 1968.

Hondelmann, W., *Die Kulturpflanzen der griechisch-römischen Welt*, Berlin 2002.

Irvine, M., *The Making of Textual Culture: 'Grammatica' and Literary Theory, 350–1100*, Cambridge 1994.

Jacobi-Mirwald, C., *Das mittelalterliche Buch: Funktion und Ausstattung*, Stuttgart 2004.

Jördens, A., u. a., Wachs, *Materiale Textkulturen: Konzepte, Materialien, Praktiken*, hg. T. Meier u. a., Berlin 2015, 371–382.

Keller, O., *Die antike Tierwelt*, 2 Bde., Leipzig 1909–1913 (Ndr. Hildesheim 1963).

Klein, W., *Mausetod! Die Kulturgeschichte der Mausefalle*, Darmstadt 2011.

Kritsky, G., Beekeeping from Antiquity Through the Middle Ages, *Annual Review of Entomology* 62 (2017), 249–264.

Kroll, W., *Die Kosmologie des Plinius*, Breslau 1930.

Küster, H., *Wo der Pfeffer wächst: Ein Lexikon zur Kulturgeschichte der Gewürze*, München 1987.

Launert, E., *Der Mörser: Geschichte und Erscheinungsbild eines Apothekergerätes*, München 1990.

Lavan, L., u. a. (Hg.), *Housing in Late Antiquity: From Palaces to Shops*, Leiden 2007.

Lewis, N., *Papyrus in Classical Antiquity*, Oxford 1974.

Lopez, R. S., Silk Industry in the Byzantine Empire, *Speculum* 20 (1945), 1–42.

Lutz, A. (Hg.), *Spiegel: Der Mensch im Widerschein*, Köln 2019.

Marzell, H. (Bearb.), Wörterbuch der deutschen Pflanzennamen, 5 Bde., Leipzig 1943–1958.

Mason, I. L. (Hg.), *Evolution of Domesticated Animals*, London 1984.

Mattingly, D. J., First Fruit? The Olive in the Roman World, *Human Landscape in Classical Antiquity: Environment and Culture*, hg. G. Shipley u. J. Salmon, London 1996, 213–253.

Maywald, C., Die Schreibtinten: Von der antiken Russtinte zu den Farbstofftinten der Moderne, *Librarium* 51 (2008), 226–232.

Mazal, O., *Frühmittelalter*, Geschichte der Buchkultur 3, Graz 2005.

Mazal, O., *Griechisch-römische Antike*, Geschichte der Buchkultur 1, Graz 1999.

Menghin, W., *Die Langobarden: Archäologie und Geschichte*, Stuttgart 1985.

Menis, G. C. (Hg.), *I Longobardi*, Mailand 1990.

Montanari, M., *Alimentazione e cultura nel Medioevo*, Rom 1988.

Montanari, M., *L'alimentazione contadina nell'alto Medioevo*, Napoli 1979.

Moritz, L. A., *Grain-Mills and Flour in Classical Antiquity*, Oxford 1958.

Nehlsen, H., *Sklavenrecht zwischen Antike und Mittelalter: Germanisches und römisches Recht in den germanischen Rechtsaufzeichnungen*, Göttingen 1972.

North, J., *Cosmos: An Illustrated History of Astronomy and Cosmology*, Chicago 2008.

Oleson, J. P., *Greek and Roman Mechanical Water-Lifting Devices: The History of Technology*, Toronto 1984.

Oleson, J. P. (Hg.), *The Oxford Handbook of Engineering and Technology in the Classical World*, Oxford 2008.

Radt, W., Lampen und Beleuchtung in der Antike, *Antike Welt* 17 (1986), 40–58.

Richter, G. M. A., *The Furniture of the Greeks, Etruscans and Romans*, London 1966.

Rieth, A., *5000 Jahre Töpferscheibe*, Konstanz 1960.

Roberts, C. H., u. T. C. Skeat, *The Birth of the Codex*, Oxford 1987.

Romm, J. S., *The Edges of the Earth in Ancient Thought*, Princeton 1992.

Ryder, M. L., *Sheep and Man*, London 1983.

Schleicher, F., *Cosmographia Christiana: Kosmologie und Geographie im frühen Christentum*, Paderborn 2014.

Singer, C., u. a. (Hg.), *A History of Technology: Vol. II: The Mediterranean Civilizations and the Middle Ages c. 700 B.C. to c. A.D. 1500*, Oxford 1956.

Squatriti, P., *Landscape and Change in Early Medieval Italy: Chestnuts, Economy, and Culture*, Cambridge 2013.

Stern, E. M., Roman Glassblowing in a Cultural Context, *American Journal of Archaeology* 103 (1999), 441–484.

Thurmond, D. L., *From Vines to Wines in Classical Rome: A Handbook of Viticulture and Oenology in Rome and the Roman West*, Leiden 2017.

Toynbee, J. M. C., *Tierwelt der Antike*, Mainz 1983 (zuerst als *Animals in Roman Life and Art*, London 1973).

Unwin, T., *Wine and the Vine: An Historical Geography of Viticulture and the Wine Trade*, London 1991.

Vogt-Spira, G., Der Buchstabe zwischen Mündlichkeit und Schriftlichkeit in der grammatischen Tradition, *Poetica* 23 (1991), 295–327.

Wattenbach, W., *Das Schriftwesen im Mittelalter*, Leipzig 1871; 3. Aufl. 1896.

Weiner, J., Feuerschlagsteine und Feuererzeugung, *Steinartefakte vom Altpaläolithikum bis in die Neuzeit*, hg. H. Floss, Tübingen 2012, 943–960.

Weisgerber, G., u. M. Seifert, Römische Schmiedeszenen und ihre Gebläse, *Der Anschnitt* 37 (1985), 2–21.

Weisgerber, G., u. M. Seifert, Mittelalterliche Schmiede und ihre Gebläse, *Der Anschnitt* 44 (1992), 2–17.

White, K. D., *Farm Equipment of the Roman World*, Cambridge 1975.

White, K. D., *Roman Farming*, London 1970.

Wickham, C., *Early Medieval Italy: Central Power and Local Society 400–1000*, London 1981.

Wickham, C., *Framing the Early Middle Ages: Europe and the Mediterranean, 400–800*, Oxford 2005.

VERZEICHNIS DER RÄTSEL UND IHRER LÖSUNGEN